芥川龍之介に学ぶ

文章の基本

高橋フミアキ
Takahashi Fumiaki

第三文明社

はじめに

勉強のできる子どもと、仕事のできる社会人と、豊かな老後を送る人には、あるひとつの共通点があります。

それは何でしょうか？

じつは、あるひとつの習慣を身につけているか、いないかの違いなのです。

勉強のできる子どもは考えています。日常のあらゆることについて考えています。「人はなぜ勉強するのだろう」「学校が義務教育になったのはいつだろう」「友だちって何だろう」など、常に考えているのです。すぐに答えが出なくてもあきらめません。図書館へ行って本を読んだり、インターネットで検索して調べたり、努力して答えを探し出します。

仕事のできる社会人も考える習慣が身についています。「もっと効率よく仕事ができる方法はないだろうか」「お客様が一番喜ぶサービスって何だろう」「部下をどう教育すればいいのだろう」など、あきらめないで考えているのです。

もちろん、豊かな老後を送る人も考えています。脳を働かせることは認知症予防にもな

ります し、健康に留意《りゅうい》した生活は家族や周囲の人との関係にも良い影響を与えるでしょう。

つまり、できる人はみんな、自分の人生について、あきらめずに考え抜いているのです。豊かで幸せに暮らせる方法を考え、それを実行する。ここまでは誰もがやっていることでしょう。しかし、できる人はさらに、自らが実行した方法を検証し、検証結果を検討して生き方を改善していき、再び検証するということを繰り返しながら、人生を生きています。そういう習慣が身についているのです。

では、そういう習慣を身につけるにはどうすればいいのでしょうか。

ここからは、私の仮説です。

1：毎日、日記をつける。

日記を毎日書くことで、自然と考える力や習慣が養われます。さらに文章テクニックも身につきます。

2：感謝の記録をつける。

人は感謝することで、幸せな人生が送れると私は考えます。

3：知恵と勇気を湧《わ》き出させる。

日記を書きながら、今日より明日へ、さらなる向上を目指す。そうした習慣が身につくことで、今まで以上に知恵と勇気が湧いてくると、私は仮説を立てています。

本書は文豪・芥川龍之介の文章テクニックを題材に、日記を書きながら文章の基本が学べるように設計された文章術の本です。

しかし、それだけではありません。日記を書く理由を理解していただければ、日記を書く行為そのものが楽しくなりますし、やる気も湧いてくるでしょう。

日記を甘く見てはいけません。日記が、人生を豊かにしてくれるのです。

文章力がアップするだけではなく、幸せを引き寄せることもできる。

そんな魔法のような文章スクールが、いよいよ開校です！

高橋フミアキ

※本文で引用している芥川龍之介の文章は『芥川龍之介全集』（筑摩書房）をもとにしておりますが、読みやすくするために現代風に書きなおしています。

※引用箇所に一部不適切な表現が含まれますが、原則として原文に従いました。

目次
CONTENTS

第二章『蜘蛛の糸』から学ぼう！ 63

第五章 『蜜柑』から学ぼう！ 161

カバー・本文デザイン・DTP／阿部照子（テルズオフィス）
カバーイラスト／さくらせかい

序章

文章磨きは人間磨き

1 日記が書ければすべてに応用できる

日記は文章トレーニングの基本です。多くの作家は文章修業として、若い頃、日記を書いていました。夏目漱石や正岡子規、モンゴメリー、アンネ・フランクなどの日記は有名で、書籍にもなっています。出版されていない作家の日記も数多く、文学記念館などで閲《えつ》覧《らん》できるものもあります。

日記を書くことは文章力を向上させるだけでなく、記憶力や思索力も高めます。洞察力やまとめる力も身につきます。つまり、「頭がよくなる」という効果が期待できるのです。作家を目指す人はもちろんのこと、仕事の効率を上げたい人や学校の成績をアップさせたい人、さらに脳を活性化させたい人にも、日記をつける習慣はオススメです。

日記に形式はありません。たった一行でもいいし、十数ページの長文を書いても構いません。毎日書かなくてもいいし、なんなら一時間ごとに書いてもいいでしょう。ノートに書いてもいいし、パソコンやスマートフォン、ブログ、フェイスブックなどに書きつづっても構いません。その日の出来事を書いてもいいし、昔の思い出を書いてもいいでしょう。

つまり、日記は「何でもあり」なのです。

しかも、日記を書くことで身につけた文章力は、すべての文章に応用できます。会社の企画書の作成にも役立つでしょうし、学校の作文、小説、エッセイなどにも応用できます。とにかく、日記は文章トレーニングにはもってこいなのです。

毎日日記を提出させる学校も増えています。

私は時々、小学校のＰＴＡに呼ばれ、子どもの国語力をアップさせるノウハウについて講演していますが、講演後に、若いお母様たちから個別に質問を受けることがあります。

「うちの子は作文が苦手なんです。どうすればいいでしょうか」とか、

「記述式のテストがどうしてもダメなんですよね」とか、

「文章問題で間違えるんです」など、
国語力の悩みは尽きません。そこで私は「日記を書かせるといいですよ」とアドバイスしています。その場で日記の書き方を細かく解説する時間はないので、

「お母さんにその日の出来事を報告する手紙だと思って書かせてみてください」

と言っています。

もちろん、そのアドバイスだけで上手な文章の日記が書けるようにはなりません。そこ

で本書では、順をおって、文章力をアップさせるために、どのように日記を書けばいいかを解説していきます。

2 文豪の表現をマネてパターンを身につける

文章力といっても、結局はパターンを知ることです。数多くのパターンを知っていればいいだけなのです。パターンを知ることで、表現力も描写力も数段向上します。

文章のパターンを知り、身につけるための最上《さいじょう》の近道は、文豪たちの表現方法を「マネ」することとです。

「そうはいっても、マネするのは抵抗があるんですけど」

という人がいます。

そんな人に私はこう答えます。

「たとえば、太宰治の『走れメロス』の書き出しに、『メロスは激怒した』とあります。この表現をマネて、『私は激怒した』と書き出した場合、どうでしょうか？　盗作というでしょうか？」

「どうでしょう？　私にはわかりません」

と、その人は煮え切らない返事をします。

「文章を学ぶことは、料理を勉強するのと同じです。大根をかつらむきに切るのか、輪切りにするのか、短冊切りにするのか、先生の切り方を見てマネするはずです。同じ切り方をしたからといって盗作になりますか？」

「なるわけないですね」

「そうでしょ？　文章だって同じです。文豪と同様の表現パターンや構成を使ったからといって、かならずしも盗作にはなりません。料理法と同じように先人たちが開発したテクニックなのです。一度開発されたテクニックはどんどんマネて使えばいいのです」

「なるほど、そういうことなんですね」

と納得してくれました。

いかがでしょうか？

マネすることの罪悪感も、変なプライドも、サッサと捨ててしまえばいいのです。そもそも「学ぶ」と「マネる」は同じ語源ともいわれます。何事もまずはマネすることからはじめると早く上達します。結局は上達した者が勝ちなのです。

本書は芥川龍之介のテクニックを数多く紹介しています。芥川が作品のなかで使っている表現のパターンを抽出《ちゅうしゅつ》していますので、あなたは、その表現をマネすることで、芥川の文章パターンを身につけられます。

つまり、日記を書きながらパターンを学ぶというのが本書の目的のひとつです。

本書を読むだけでも文章力はアップすると思いますが、できれば、本書を参考に日記を書く習慣を身につけてください。

日記には形式はありませんので自由に書けばいいのですが、何をどう書いていいかわからない人は、ぜひ次の三つの手順に沿って書いてみてください。そうすれば、簡単に楽しく日記が書けるようになります。

●「実況中継」を書く

●「心のつぶやき」を書く

●感謝の気持ちを書く

あなたは、文章力がいまよりも十倍アップしたら、何をしますか？　小説家になりますか？　フリーライターになりますか？　それともホームページやメールマガジンを駆使《くし》してビジネスを起こしますか？　文章力がアップしたら、いろんな夢が広がります。いわば最強の武器を手に入れたようなものです。

しかも、本書には幸せを引き寄せる魔法が隠れています。文章を書くことで幸せが引き寄せられるのです。そう聞いて「ん？」と思った人もいるのではないでしょうか。

でも、大丈夫。本書を読んでいくうちに、「ああ、なるほどね。こういう文章を書けば、たしかに幸せを引き寄せられるかも」と思えてきます。それは、読んでからのお楽しみ！

3 「実況中継」の書き方

みなさん、ラジオの野球中継を聞いたことがありますよね。

「ピッチャー、振りかぶって投げました。ボール。スリーボール、ツーストライク、フルカウントです。一塁ランナー、リードが長い。おっと、ピッチャー、牽制球《けんせいきゅう》。ここはバッターに集中しなければいけません。ピッチャー、首を横に振りました。球種が決まらないようですね。セットポジションに入りました。六球目。大きく振りかぶって投げました。打った。大きい、大きい、大きい。レフトはすでに見送っている。打球は大きな放物線《ほうぶつせん》を描いて、レフトスタンド上段へ飛び込みました。九回の裏、逆転ホームラン！」

たかだか数分ほどの出来事ですが、文字に起こすと、これだけの文章になります。

こうした中継スタイルをマネて、日記に「実況中継」を書いてみてください。一日の出来事を思い出しながら書くことで、細部にわたる記憶が鮮明《せんめい》に蘇《よみがえ》ってきます。つまり、記憶力とイメージ力が増すのです。脳が鍛えられて、考え抜く力も強くなっていきます。

私の文章スクールでは、ときどき「実況中継ゲーム」を行います。二人一組になって自己紹介をしてもらい、そのときのセリフ、体や手や口の動き、見えるもの、聞こえるもの、肌に感じるもの、すべてを「実況中継」のように記述してもらいます。そうすることで、描写力と観察力が身につきます。もちろん、記憶力や考え抜く力も向上していきます。

たとえば、こんな文章です。

フミアキ先生は「自己紹介して、そのあとそれを『実況中継』するように」と言った。「それではやってみましょう、どうぞ！」というフミアキ先生の声を合図に、僕は後ろを向いた。教室には三十人ほどの受講生がいて、一斉《いっせい》に椅子《いす》を動かす音がした。クーラーの風が頬《ほお》をなでて心地よい。

僕の後ろには美女が座っており、ニコッと笑ってくれた。

「はじめまして。あの、僕は××と申します」と言うと、

「私は○○です」とかわいい声で返してくれた。

「あの……」

緊張して、僕は質問が出てこなかった。目を合わせるのが恥ずかしかったので、下を向いていた。ノートを広げて、ペンを手にしていたが、何も書けず、ペン先が宙に浮いていた。

「お仕事は何をされているんですか」

たまりかねたのか、○○さんが質問してくれた。

「インターネットです」

「インターネットをされているんですか？」

「いえ、その……」

「IT関係のお仕事でしょうか？」

「はい。まあ、その……」

しどろもどろで、うまく話ができなかった。

こんなふうに、そのときのことを「実況中継」していけばいいのです。日記を書くときに、その日の出来事を「実況中継」してみてください。まるで小説みたいになるので、おもしろいですよ。

「『実況中継』してみよう」と思った瞬間、あなたの頭は目まぐるしく動きはじめます。面倒だと思わないでください。トレーニングです。考え抜く人間になるためのトレーニングだと思えば、面倒なことが楽しいことに変わります。

繰り返しますが、人生を豊かにするのは、このような「考える力」があるかどうかです。こうしたトレーニングを継続して、あなたも人生を豊かにしましょう。

4 「心のつぶやき」の書き方

「心のつぶやき」というのは、心に浮かんだ言葉を書いていくだけのことです。

とはいえ、何も意識せずに、いつものように行動しているだけでは、頭に何も残りません。たとえば、歯を磨くときに、「この歯磨き粉がもしもミミズに変わったらどうしよう」とか、「鏡の自分が変化して前世の自分が出現したら……」などとは、普通は考えないはずです。習慣化された単純作業として、歯ブラシに歯磨き粉をつけて磨くだけだと思います。

そこをあえて、いろんなことを考えて、心のなかでつぶやいてみるのです。心のなかに言葉を浮かばせる練習だと思ってください。

たとえば、椅子について書いてみましょう。

何の変哲《へんてつ》もないパイプ椅子です。よく観察してみるとシンプルで美しい形をしています。折りたたむと一枚の板になり、収納しやすくなるデザインです。

通常、椅子について書きなさいといわれると、書けることといえば、これくらいです。ここに心のつぶやきを入れてみましょう。

何の変哲もないパイプ椅子です。ちょっと待てよ。何の変哲もないってことは、それほど世に出回っているってこと。よく観察してみるとシンプルで美しい形をしています。む、む、む。これはタダものじゃないぞ。シンプル・イズ・ベスト。こういう、いつもは当たり前だと思っているところに、成功の秘訣《ひけつ》が隠れていたりするんですよねェ。折りたたむと一枚の板になり、収納しやすいデザイン。なるほど。このパイプ椅子を発明した人は、きっと巨万の富を手に入れているはずです。

いかがでしょうか。

心のなかでつぶやいた言葉をどんどん書いていくのです。「む、む、む」とか「なるほど」といった感嘆語や話し言葉も、遠慮なく入れていきましょう。

日記は「何でもあり」。頭に浮かんだ言葉をそのまま書けばいいのです。

「『心のつぶやき』を書くことって、そのことについて、いろいろと考えることですよね」と質問してくれた人がいました。二十代の女性で文章スクールの受講生です。

「そうです。考えたことの『過程』を書いていけばいいんですよ」

私はそう答えました。

「過程？」

「そう。まず疑問が生まれたとしますよね。そのときは、『なぜだろう』っていう言葉が心に浮かぶと思うんです。そしたら、その言葉をそのまま書けばいいんですよ」

「もしもそのことについてもっと知りたくなったら、調べてみればいいんでしょうか？」

「もちろんです。『スチールのパイプ椅子を最初にデザインした人は誰だろう？』と思ったら、すぐに調べてみてください。『二十世紀に活躍した家具デザイナーのマルセル・ブロイヤー』だという説がありますよね。そんなことも文章に書いていけばいいのです」

「心のつぶやきを文章に書くようになったら、いろいろと物事を考えるようになりますし、調べていくと知識が広がりますね。知識だけじゃなくて、気づきや知恵を得ることもありますよね」

「その通り。『文章磨きは人間磨き』と私がいつも言っていることがわかりましたか？文章を書くことで人間が磨かれていくというのは、そういうことなんですよ」

心のつぶやきを書くことで、考える力や調べる力、理解する力などが養われるということが理解していただけたでしょうか。

5 感謝の気持ちを書くことの三つの効能

日記の最後のまとめ方。これがポイントです。その日の出来事や出会った人とのエピソードを「実況中継」して、そこに「心のつぶやき」を書き込めば、ある程度の分量の文章が容易に書けます。しかし、最後をどうまとめればいいのでしょうか。

じつは、このまとめる力が文章上達の核心といってもいいでしょう。

文章スクールで「自分の意見を持つ」ことについて講義したときのことです。講義のあと、「私には自分の考えがありません。自分には意見がないんだということに気づきました」というメールをくれた受講生がいました。

文章はコミュニケーションのための道具です。自分の考えや意見を伝えるために文章があるといえます。つまり、伝えたいメッセージがあってはじめて文章が書けるわけです。ですから、自分のメッセージをしっかりと持っておく必要があります。

しかし、その人は「自分には意見やメッセージがない」と断言するのです。

そこで私は、

「自分には意見がないとはっきり私に伝えたことも、ある意味、立派なあなたの意見ですよね」

とメールで返してみました。

「そう言えるかもしれませんね」

「ちゃんと意見が言えるじゃないですか。大丈夫です。意見を文章にすることは決して怖いことではありません。やってみれば簡単なことです」

私はそうメールに書き、ひとつ提案をしました。

その提案とは感謝の言葉を伝えることです。文章の核となるメッセージとして感謝の言葉を書いて文章を締めるという提案でした。

「あなたは『ありがとう』という気持ちは持っておられますよね。その気持ちを文章に書いてみたらいかがでしょうか？」

つまり、最後のまとめに感謝の言葉を入れて文章を締めるのです。「実況中継」と「心のつぶやき」で書いていき、最後に感謝の言葉を入れます。たとえば、こんな感じです。

今朝、新宿中央公園を散歩した。十二社《じゅうにそう》通りから、熊野神社の階段を上る。神社の本堂のわき道を抜けて新宿中央公園へ。

小鳥の鳴き声がチュルルルルと響く。何の鳥だろう。スズメじゃなさそうだ。どこに小鳥がいるのか目で追いかける。緑の木々の葉影《はかげ》に視線を走らせる。春の公園は青々とした木々でいっぱいだった。しかも朝の心地よい空気が私の頬をなでる。

鳥を追いかけて目を上げていると、そこに都庁の威容《いよう》がそびえていた。権力の象徴だとか、税金の無駄遣いだとか批判する人がいるが、二本のタワーを冠した背の高いビルは、堂々としていて気持ちがいい。

たぶん、春のそよ風がそんな気持ちにしてくれたのだろう。春の風に感謝だ。

いかがでしょうか。感謝の言葉で締めると、どことなくいい文章に思えるものです。感謝の理由は無理やり探し出したものでもいいのです。とにかく「最後は感謝の言葉で締める」と覚えてください。

そもそも感謝には、もの凄《すご》い効能があります。まとめると次の三つです。

①人のいいところが見えてくる

あなたには苦手な人がいますか？　お父さんとか、お母さんとか、クラスメイトとか、職場の上司とか……。そばにいるだけで嫌な人から「ちょっと苦手だなァ」と感じる程度の人まで、誰でもいいので頭に浮かべてください。

そういう苦手な人に、あえて感謝し、日記のなかでだけ「ありがとう」と書いてみるのです。

「ありがとう」と書こうと思ったら理由が必要です。なぜ「ありがとう」なのでしょうか？感謝する理由を探してみましょう。もしかすると、「人のフリ見て、我がフリ直せ」という意味で、反面教師として感謝できるかもしれませんし、嫌な人と接することが人生修行や訓練になっていると解釈することもできるかもしれません。

そのような作業を通して、あなたはその苦手な人にも感謝できるようになるのです。それって、素晴らしいことだと思いませんか？

嫌な人を嫌だと思っているだけでは、あなたもその嫌な人と同類です。しかし、嫌な人に感謝できるようになれば、あなたは一歩成長することができます。

すべての人に感謝することで、人間は成長できるのです。

②より多くのものが与えられる

感謝する者にはより多くのものが与えられます。逆に、感謝しない者は持っているものも取り上げられてしまいます。私の人生経験上、宇宙にはそういう法則があるように感じます。

たとえば、私は小さい頃、自転車を買ってもらったとき心から感謝しました。ですから、毎日きれいにフキンで拭《ふ》きましたし、チェーンに油をさしたり、スポークの一本一本を磨いたりしました。そうやって私は自転車を大切に扱ったのです。

ところが私の友人にちっとも感謝しない人がいました。買ってもらってまだ半年も経《た》っていない自転車を、ブロック塀《べい》にぶつけているのです。

「どうして、そんなことするん？」（広島で育ったものですから、広島弁です）

と私は尋ねました。

「壊すんじゃ」

「何で？」

「壊れたら、新しい自転車買ってもらえるけんのう」

「え？」

私は驚きました。私には、自転車を自らの手で壊すなんて信じられなかったのです。なおも友人は私の目の前で何度も自転車をブロック塀にぶつけます。

私は、

「もう、やめとき、やめとき。なあ、頼むけん、やめてェ」

と泣き出しました。私は悲しくなって泣いてしまったのです。まるで自分が壊されているように感じました。

私の友人は自転車を買ってもらったことに感謝するどころか、もっと高級な自転車が欲しかったのです。

その後、友人はどうなったでしょうか。わざと壊したことが親にバレて、その友人は新しい自転車を買ってもらえるどころか、こっぴどく叱られてしまいました。

あなたが子どもにお菓子をあげるときのことを想像してみてください。お菓子をもらって感謝する子どもと感謝しない子どもがいたら、あなたはどちらの子どもにもう一度お菓子をあげたくなりますか？

感謝する人はさらに多くのものを与えられるのです。ですから、あなたの周りのすべての人、すべてのモノに感謝しましょう。

③幸せを感じるようになる

すべてに感謝すれば、いままで以上に幸せを感じられるようになります。公園の木々や花に感謝してみてください。木々や花があるからさわやかな気分になれるのですから。そして、空気に感謝しましょう。空気があるから私たちは呼吸ができるのです。そうやって、身の回りのすべてのものに感謝しましょう。

机に感謝、ノートに感謝、パソコンに感謝、道路や橋やビルに感謝、電車や自動車にも感謝、そしてお金にも感謝です。すべてに「ありがとう」と思えれば、幸せな毎日がやってきます。

私は食事のたびに感謝しています。手を合わせて「いただきます」と声に出したあと、合掌《がっしょう》したまま、心のなかで「今日の食事に感謝します」と言って食事しているのです。そうすると、心から食事を楽しめますし、一生食べることには困らないと思います。食べることさえできれば、人間なんとかなるものです。

すべてに感謝すると幸福感が味わえるかどうかは、実際にやってみるしかありません。今日から、すべてに感謝してみてください。じわり、じわりと幸せを感じられるようになりますよ。

第1章

『トロッコ』から学ぼう！

名作『トロッコ』のあらすじ

◎一九二二年発表

主人公の良平は八歳。小田原・熱海間の軽便《けいびん》鉄道敷設《ふせつ》の工事現場を見物するのが好きな男の子です。土工（建設作業員）たちの働く姿を見て、自分も土工になりたい、せめて土工と一緒にトロッコに乗ってみたいと思うのでした。

あるとき、若い二人の土工がトロッコを押しているところを見かけます。

「おじさん。押してやろうか？」

と、良平は駆けよっていきました。

「おお、押してくれよ」

と、若い土工は快い返事をします。

良平は二人の間に入って、力いっぱい押しはじめました。「われは、なかなか力があるな」とほめてくれます。下り坂になると三人はトロッコに飛び乗って遠くまで行きます。日が暮れはじめても、なおもトロッコは遠くへ行くのです。

茶店に入って休憩していると、

「われはもう帰んな。おれたちは今日は向こう泊まりだから」と、土工たちに言われ、良平はあっけにとられます。こんな遠くまで来たことはありませんし、もうすぐ夜です。いまからたった一人で帰るのかと思うと心細くなって泣きそうになり、走り出します。土工たちからもらった菓子袋を放り出し、草履《ぞうり》も脱ぎ捨て、命さえ助かればという思いで走っていきました。家に駆け込んだとき、良平はとうとう大声で泣き出します。

歳月は流れ、良平は二十六歳になり、妻子と一緒に東京で暮らしています。彼はどうかすると、あのときのことを思い出すことがあります。塵労《じんろう》に疲れた彼の前に、藪《やぶ》や坂道が、薄ぼんやりと浮かんでくるのです。

名作『トロッコ』について

『トロッコ』は、大正十一年（一九二二年）に発表された芥川龍之介の短編小説です。

当時の日本は、日清戦争、日露戦争の勝利に国民が熱狂し、戦争が国力を高める手段となって、大陸へのさらなる進出を目論《もくろ》んでいる時代でした。一九一四年から一八年にかけてヨーロッパを中心に繰り広げられた第一次世界大戦にも、日本は日英同盟にもとづいて連合国側として参戦。青島《チンタオ》・南洋諸島を攻略し、シベリアへも出兵します。

しかし、その頃になると、拡大しすぎた戦線に不安を感じる国民もいました。『トロッコ』はそうした当時の国民の不安な精神状態を、見事に表現した作品ともいえます。

土工（建設作業員）になりたいと純粋に思った少年が、その願望のままに土工と一緒にトロッコを押していく物語です。この少年と、欧米のような一等国になりたいと無邪気に願った日本が、本質的には同じように思いませんか？

1 願望を入れる

学ぶ表現パターン

土工になりたいと思う事がある。

ポイント

文章の冒頭近くに願望が入っていると、読者は次が読みたくなります。その願望がどうなったのか、達成したのか、しなかったのか好奇心が湧《わ》くからです。この読者の好奇心が文章を読ませるのです。

『トロッコ』の場合は、主人公の良平が「土工になりたい」という願望を持っていることが冒頭近くに書いてあります。この願望があるから、良平が動き出すのです。読者も良平の動機が明確にわかっているので読みやすいわけです。

日記を書くときも、そこにちょっとした願望を入れてみてください。「大人になりたい」とか「結婚したい」といった人生を通した願望もあれば、「食事をしたい」とか「仲直りしたい」とか、日常のちょっとした願望でも構いません。

こうした願望は文章の初めの段階に持ってくることです。読者に好奇心を持たせるのが目的ですから、最後に願望を持ってきたのでは意味がありません。あくまでも最初に持ってきてください。

文章例

昼前に目覚めたとき、**僕は無性《むしょう》に刺身《さしみ》が食べたいと思った。**朝風呂に入り、どこへ行こうかと考える。ランチどきはどの店も混むだろうが、ここは思い切って行くしかない。

僕は風呂からあがり、ドライヤーで髪を乾かし、服を着た。小さな肩かけバッグに文庫本を入れ、財布を確認する。鏡の前で髪をセットし、ほっぺたにアフターシェーブローションをペタンペタンと叩《たた》いて気合いを入れる。

茶色の革靴をはき、西新宿のマンションを出た。この界隈《かいわい》で刺身がおいしいと僕が認めた店はひとつしかない。青梅街道沿いにあるあの店だ。ランチどきで混んでようが、騒がしかろうが、そんなことは関係ない。今日、僕は刺身が食べたいのだ。よし！ と僕は思った。そして、歩ける距離に、刺身のおいしいお店があることに感謝した。

解説

最初に書いた「刺身が食べたいと思った」という願望に引っぱられて、読者は次の文章を読んでしまうのです。あとは、「実況中継」と「心のつぶやき」を交えながら書いていき、最後に感謝の気持ちを表現して締めます。

いかがですか？ この程度の、簡単な短い文章を日記に書く練習をしてみてください。

まとめ

①…文章に願望を入れて読者の好奇心をくすぐる。
②…願望は「○○したい」と表現する。
③…願望は最初に持ってくる。

芥川龍之介トリビア❶

芥川の将来の夢は画家になることだった

芥川は幼稚園に通っていた頃は海軍将校になるつもりだったそうですが、小学校入学の頃には画家志願になっていたといいます。

芥川は、

「僕の叔母は狩野勝玉《かのうしょうぎょく》という芳崖《ほうがい》の乙弟子《おとでし》に縁づいていた。僕の叔父もまた裁判官だった雨谷《うこく》に南画を学んでいた。しかし僕のなりたかったのはナポレオンの肖像だのライオンだのを描く洋画家だった」

と書き残しています。

芥川は当時、西洋名画の写真版を買い集めていたそうで、それらの一枚は、樹下に金髪の美女を立たせたウイスキー会社の広告画だったということです。

【参考文献】芥川龍之介「追憶」（『芥川龍之介全集』第十三巻所収、岩波書店）

2 動きを入れる

学ぶ表現パターン

トロッコの上へ飛び乗った。

ポイント

文章のなかに動きを入れてみましょう。動きが入っていると、その文章が生き生きとして読者に迫ってくるようになります。躍動感が出てくるのです。生気《せいき》のないだらだらとした文章よりも、生命力のある文章のほうがいいと思いませんか？

「動き」というのは、主に動詞で表現されます。動詞のなかでも、「走る」「歩く」「飛ぶ」「食べる」「頭をふる」「手を挙げる」などは動きがありますが、「思う」「考える」といった動詞にはあまり動きがありません。

また、「立つ」というよりも「立ち上がる」と書いたほうが動きがあります。文章のなかにこうした動きのある言葉を使うと、全体に躍動感が出てきます。

- 身軽にトロッコを**飛び降りる**が早いか、その線路の終点へ車の土を**ぶちまける**。
- トロッコは三人の力が揃《そろ》うと、突然ごろりと**車輪をまわした**。
- 彼等は一度に手をはなすと、トロッコの上へ**飛び乗った**。

『トロッコ』には動きのある言葉がふんだんに使われています。もう一度、『トロッコ』を読む機会があれば、躍動感のある文章をチェックしてみてください。

文章例

僕は玄関で**靴をはいた**。トントンとつま先を床に**打ちつけてみる**。ドアを開け「行ってきます」とお母さんに声をかけるために**振り向いた**。外に出るとブロック塀《べい》にとまっていたスズメが青空に向かって**飛び立つ**。さわやかだなァ。気持ちのいい朝だ。太陽の祝福を受けながら僕は学校への**道を歩いた**。さわやかな朝に感謝したい。

解説

登校時の朝の風景を書いてみました。「学校へ行くために外へ出た」と書いてしまえば一言で終わってしまいます。そこを、芥川龍之介の「動きを入れる」というテクニックをマネて、つま先を床に打ちつけて靴をはく動作を入れました。

「『行ってきます』とお母さんに声をかけた」とするよりも、「『行ってきます』とお母さんに声をかけるために振り向いた」としたほうが動きを感じさせてくれます。とくに一文の最後には、動きのある言葉を入れてみてください。

まとめ

①…動きのある言葉を入れて躍動感のある文章にする。
②…動詞のなかでも動きを感じさせるものと感じさせないものがある。
③…躍動感のある文章にするために、文の最後に動きのある言葉を入れる。

3 セリフを入れる

学ぶ表現パターン 「さあ、乗ろう」

ちょっとした文章でもセリフが入っていると読者は引き込まれます。セリフ以外の文章を「地の文」といいますが、地の文ばかり延々と続くと読者も飽きてきて、読む気を失います。地の文とセリフをバランスよく書いていくことが望ましいでしょう。

ポイント

会社に提出する日報でも、セリフが入っていると伝わりやすくなります。

①本日、A社の○○さまと面談。好感触。
②本日、A社の○○さまと面談。「前向きに検討するよ」と好感触。

いかがでしょう。セリフが入っている②のほうが、先方のイメージが伝わりやすい文章になっていますよね。

文章例

早苗ちゃんと私はお弁当を食べるために机をくっつけた。教室には同じように机を動かす人が三組ほどあった。椅子に座り、おもむろにお弁当のふたをあける。

「わァ、凄《すご》い」

早苗ちゃんが私の弁当をのぞき込んで歓声をあげる。

おかあさんの作るお弁当はいつもユニーク。今日はご飯の上の海苔《のり》でキツネの切り絵がしてあった。見事な角のカモシカの切り絵だったこともあった。

ともかく、お母さん、ありがとう。

解説

「わァ、凄い」という一言が入っているだけで、文章のイメージが違ってくるのがわかるでしょうか。早苗ちゃんの驚く姿が目に浮かんできます。しかも、このセリフがちょっとしたアクセントになり、文章にメリハリをつけてくれます。

まとめ

①…セリフは文章に変化をつけてくれる。
②…セリフは臨場感を高めてくれる。
③…セリフと「地の文」はバランスよく。

4 人物を入れる

学ぶ表現パターン

トロッコを押しているのは、二人とも若い男だった。

ポイント

文章のなかに人物が出てくると、それだけで読者の好奇心は刺激されます。おそらく人間が一番興味を持つものは人間だからではないでしょうか。

風景写真のすみっこにポツンと小さく人間が立っていたら、やはり、人々の視線はその人間に注がれるはずです。たとえば、青い空と白い砂浜の風景写真に少女と少年の後ろ姿が写っていたらどうでしょうか。

「あれ？　この少女と少年はこの砂浜で何をやっているんだろう？」とか、「どんな顔をして立っているんだろう。見ると手をつないでるなァ」とか、「きっと仲良しなんだろうなァ」などと、いろんな疑問や想像が浮かんできます。

それだけその写真に引き込まれているということです。

これは文章にも言えることです。主人公はあなた自身で構いませんが、それ以外の人物を入れてみましょう。それが読者を引きつけるひとつのコツです。

文章例

コンビニに夕食を買いに行った。家から徒歩五分ほどのところにあるコンビニだ。ああ、トクホのコーラが飲みたいなァ。健康にいいらしいけど、おいしくて体にもいいなんて最高だよなァ。そんなことを心のなかでつぶやきながらコンビニに入った。

「いらっしゃいませ！」

気合いの入った声が飛んできた。え？　何？

声の主は**四十歳前後の男の店員さんだった**。黒縁のメガネの奥では妙に明るい笑顔が輝いている。ちょっと気合い入れすぎじゃねェ？　笑顔がキモイんだけど。

「ありがとうございます。お弁当は温めますか？」

「はい」

僕の答えを聞くやいなや、機敏《きびん》にターンをして弁当を電子レンジのなかに放り込んで、スイッチをピピッと押す。そして僕に向き直って、コーラとポテトチップスをレジ袋に入れる。そのすべてに気合いが入っている。

ま、ちょっとキモイけど、無愛想《ぶあいそう》に笑顔ひとつない店員よりはいいよな。とりあえず、ありがとう。

解説

名前も知らないコンビニの店員が登場しました。読者はこの店員に興味を持ちます。どんな姿をしているのだろう？　なぜ気合いが入っているのだろう？　そんな疑問が次々と浮かんでくるはずです。その疑問に答える形で情報を書いていきましょう。

不思議なもので、ひとつの疑問が解消すると、人間はもっと詳しく知りたくなるものです。ある人物の情報を出すことで、読者はその文章に引き込まれていくのです。

まとめ

①…人物を入れることで読者の好奇心は刺激される。
②…人物に対する読者の疑問に答えていく。
③…人物の情報をどんどん出す。

芥川龍之介
トリビア❷

芥川は子どもの頃から作文が好きだった

芥川の妻・文《ふみ》は、「小学校の頃から主人は、クラスの友だちと『日の出界』という回覧雑誌を発行して、今でいう作文を書いていたようです」と語っています。

旧制第一高等学校時代には、読んだ本や聞いた話から、妖怪の話をメモしたりして、『椒図志異』というノートを作っていたそうです。

一高時代の強い風の吹く日、窓の外の木の葉が風に吹かれて揺れ動き、その一つひとつが、思い思いの形に揺れているのを眺《なが》めていた芥川は、「創造の世界の素晴らしさ、美しさに魅《み》せられて、文学を終生の仕事にしてみたい」と、痛切に感じたそうです。それが文学へ進もうと決心した初めであったということを、妻の文に話しています。

【参考文献】芥川文 述/中野妙子 記『追想　芥川龍之介』筑摩書房

5 「考え」を入れる

学ぶ表現パターン 「登り路《みち》の方が好い、いつまでも押させてくれるから」

右の『トロッコ』の文例は、「下り坂よりも、登り坂のほうがいい」という主人公の考えが書いてある箇所です。

ポイント

このように、二つのものを比較して、どちらがいいか検討した結果を、自分の「考え」として日記に書いてみましょう。

ポイントは、自分の考えを書いたら、その理由を一言でもいいから書き添えることです。この「理由」が大事です。理由というのは言いかえれば根拠ともいえます。根拠のある文章とない文章とでは、説得力に大きな差があります。理由を書くときは、「○○だから」とか、「なぜならば○○だから」などと書けばいいでしょう。

文章例

今日、こんなテレビ番組を見た。消費税を引き上げるのは是か非かを討論する内容だ。与党と野党の国会議員がスタジオに集まって議論していた。「消費税を引き上げれば景気が悪化する」と野党が発言すれば、「このまま借金を増やして、そのツケを子どもたちに支払わせるのですか」と与党が応じる。結論は出ないまま番組は終わった。

消費税を引き上げるのがいいのか悪いのか、私にはわからないが、こうした議論はしっかりと行うべきだ。**議論しないで、サッサと決めてしまうよりは、議論したほうがいい。なぜならば、消費税を引き上げるときのメリットとデメリットが明確に見えてくるからだ。**

プラスとマイナスの両極をしっかりと知ったうえで、中庸《ちゅうよう》の道を行くのが正しい道ではないだろうか。「中庸は徳の至れるものなり」と教えてくれた孔子に感謝だ。

解説

今回は、詳細な「実況中継」ではありません。ダイジェスト版のようなものです。番組内容から重要な情報だけをピックアップしてみました。

AとB、二つの意見を比較し、自分の考えでひとつを選ぶのが本項の目的ですが、文章例のように、二者択一をせずに自分の考えを述べる方法もあります。

まとめ

①…自分の考えとして、AかBかどちらかを選ぶ。
②…考えを書いたら理由も必ず入れる。
③…AとBを選択する以外に、自分の考えを述べる方法もある。

6 心境の変化を入れる

学ぶ表現パターン　一瞬間呆気《あっけ》にとられた。

ポイント

登場人物の心境がガラリと変化する瞬間というのは、読者の心を引きつけます。小説にかぎらず、どんな文章でも、人物の心境が変わる瞬間を書けば、おもしろい文章になるのです。

「え？　そうはいっても、心境がガラリと変わる瞬間なんて、思いつきません」

と言う人もいるでしょう。

そうなんです。たしかに簡単に思いつかないものです。だからこそ、毎日の日記を通して、こうした訓練をしておくといいのです。

今日一日のことを振り返って、心境が変わったときのことを思い出してみてください。

案外、いっぱいあるはずです。人間というのは一瞬一瞬で心が変化するものですから、何かに縁したとき、急に喜びの心が出てきたとか、急に落ち込んだとか、思い出せば必ずあるはずです。それを書けばいいのです。

僕は一瞬、呆気にとられた。え？　マジ？　と思った。電車が遅れているというのだ。

文章例

午後一時三十二分。ＪＲ新宿駅のホームである。二時に吉祥寺《きちじょうじ》で待ち合わせがあり、相手は遅刻するとひどく怒る人だった。でも、新宿から吉祥寺まで十五分もあれば行ける距離なので、僕は呑気《のんき》に新宿駅の改札を入った。キオスクで新聞を買う余裕さえあった。

ホームに上がってみると、いつもの何倍もの人がたまっていた。中央線が人身事故で止まっているというのだ。どうしたものだろう？　途方に暮れていたら、後ろから声がした。

「もしかして、フミアキ先生ですか？」

「え？」

と振り返ってみると、美しい女性が笑っている。以前、僕の文章スクールに一回だけ参加したことのある女性で、僕はすっかり顔も名前も忘れていた。でも、その美しい女性はちゃんと僕のことを覚えていてくれた。うれしい。

僕は「どうも」と言って、すぐに京王線の乗り場へ急いだ。もう少し、時間があれば、彼女とゆっくりおしゃべりができたのに、と思った。しかし、出会えただけでも感謝しなければ。あれ？　誰に感謝すればいいんだろう？　まさか、人身事故を起こした人？

解説

心境の変化を最初に書きました。こういう書き方もアリだというパターンとして覚えておいてください。

時間に余裕をもって駅に来たのですが、ホームに出てみると人身事故で電車が止まっていました。このことを縁にして、主人公の僕の心は、急に焦りはじめます。しかし、美しい女性と再会したことで、今度は喜びの心境に変化します。このように、人間の心とはコロコロと変わっていくものです。その心境の変化を文章に書くと、おもしろい文章になるのです。

まとめ

①…心境が変化する瞬間は読者の心をとらえる。

②…人間の心は縁によってコロコロと変わる。

③…心境がコロコロ変わる様子を文章に書く。

芥川龍之介
トリビア❸

小説家になれたのは、英才教育のおかげ？

生母フクは芥川を産んで数カ月後に精神を病んだため、生家で育てることができず、芥川は母方の伯母の家に預けられ、伯母フキに育てられました。

フキにとって初めての子育てでしたが、すでに四十歳近くだったので、若い母親のように、一緒にどろんこ遊びをしたり、鬼ごっこやかくれんぼで走り回ったりするのは無理でした。

そこでフキは家のなかで遊んであげたり、本を読み聞かせたり、昔話を話してやったりしたそうです。ときには養母トモも加わりました。また、フキは教育熱心で、早くから数字を教えました。

そうしたおかげで、本好きで数学ができる芥川が育つことになったのです。

【参考文献】関口安義『よみがえる芥川龍之介』日本放送出版協会

7 無我夢中の様子を入れる

学ぶ表現パターン　しばらく無我夢中に線路の側を走り続けた。

ポイント

テレビドラマや映画などでも、登場人物が無我夢中になって走っている様子が映し出されると、興奮したり、「頑張れ」と応援したくなったりします。日記を書くときも、「無我夢中」を探して書いてみてください。自分自身が無我夢中になった話だけではなく、あなたが見かけた無我夢中な人の話でも構いません。

文章例

娘の部屋から奇妙な声が聞こえてきた。「キャー!」という叫び声だったり、「君はいったい何者なんだい?」といった声だったり、ときには歌声だったり……。心配になった僕は娘の部屋にそっと近づく。扉をノックするのも気が引けた。なかからヒソヒソ声が聞こえる。もしかして、誰かいるのだろうか?

「ルネちゃん、誰か来てるの?」

僕は部屋の外から声をかけた。

「ううん。違うよ」

娘は大学で演劇の勉強をしている。近々、舞台の公演があるので、自宅でもセリフの練習をしているのだった。私が部屋に入っても娘は練習をやめない。台本を見つめる娘の瞳はダイヤモンドのように輝いている。**無我夢中**で打ち込んでいるのだ。

娘の姿を見ていると、自分も頑張らなければという気持ちがこみ上げてきた。いい刺激をくれた娘に感謝だ。

解説

私の娘が無我夢中で芝居の練習をしている姿を描いてみました。夢中で何かをやっている姿は、読者の心をとらえることが理解していただけたでしょうか。

ふらりと入ったレストランで、夢中になって働いている人と出会うかもしれませんし、夢中で勉強している学生を見かけるかもしれません。日常のなかで、そんな夢中な人を見つけたら日記に書いてみてください。

まとめ

①…誰かが夢中になっている姿を描く。
②…夢中になっている姿は読者の心をとらえる。
③…日常のなかで夢中な人を見つけて日記に書く。

8「だの」という言い回し

学ぶ表現パターン　雑貨屋だの床屋だの

私は文章スクールで、使い慣れていない言葉や言い回しは使わないように指導しています。慣れない言葉を使うと、使い方を間違ったり、ぎこちない文章になったりするからです。

ポイント

「でも、慣れない言葉でも使っていかなければボキャブラリーが増えないじゃないですか」

と質問してくれた人がいました。

「その通りです。だから、日記を書いたり文章の練習をしたりするときに、あえて使い慣れていない言葉や言い回しを使うようにしましょう」

私はそう答えています。

たとえば、文章例に挙げた「○○だの」という言い回し。あまり使いませんよね。文豪の小説を読んでいて、こうした使い慣れていない言い回しや言葉が出てきたら、それを使って日記に文章を書いてみるのです。

文章例

友人の誕生日プレゼントを選ぶために百貨店の文具売り場へ行った。ショーケースのなかを見てまわる。そこには、**モンブランだの、ペリカンだの、パーカーだの、ウォーターマンだの、**海外のブランドが自己主張していた。だが、私の目を引いたのは、初めて聞いた日本メーカーの万年筆だった。はしっこの小さなスペースに、ひっそりと三本だけ、そのメーカーのものが並んでいた。金魚柄のセルロイド万年筆である。

丹精込めて作られたものであることが、黒いキャップの形や金色の付属部分などから感じられた。この万年筆を作った人にお礼を言いたい気持ちになった。

解説

「〇〇だの」という言い回しは、同種のものを並べるときに使う言葉です。例文のように海外の万年筆メーカーを並べて記すときには、国内ブランドの名称を書いてはいけません。そこを注意して使ってください。

まとめ

①…文豪の小説のなかから使い慣れない言葉や言い回しを見つける。
②…見つけた言葉や言い回しを練習として使ってみる。
③…「〇〇だの」という言い回しは、同種のものを並べるときに使う。

9 繰り返しのテクニック1

学ぶ表現パターン 全然何の理由もないのに

ポイント

『トロッコ』では、最後の部分で「彼はどうかすると、全然何の理由もないのに、その時の彼を思い出す事がある。全然何の理由もないのに？」とあります。大人になった主人公が、ふと、トロッコに乗って遠くまで行ってしまった幼少期のエピソードを思い出すというのです。そして、「全然何の理由もないのに」という言葉が繰り返し使われています。

この言い回しを読んで、あなたはどう感じますか？「なぜ主人公はそのことを思い出すのだろう？」と、その理由を考えてみたくなりませんか。作者は、そのことを読者に考えてほしいのです。これは読者に考えさせるような言い回しなのです。

「読者に考えさせるような文章っていいですよね」

と言っていた受講生がいました。そこで私は、

「どうすれば読者に考えさせることができますかね？」

と、逆にその人に質問してみました。

「考えてほしい箇所を強調すればいいと思います」

「その通り。強調すれば、読者はなぜ作者はここを強調したんだろうって考えますよね。では、強調する方法にはどんなものがありますか？」

「いろいろありますよね……？」

「ええ。そのひとつが、繰り返すという文章テクニックなんですよ」

私はそう説明しました。

文章例

今日は一日中原稿を書いた。朝六時に起床。顔を洗い歯を磨いて、近くのコンビニへ行き、サンドイッチとコーラを購入。腹ごしらえが済んだらさっそくデスクに向かった。パソコンのキーボードを叩き、原稿を執筆する。三時間が過ぎたところで、パソコンから離れる。資料として購入した書籍を読み、重要なページに付箋《ふせん》を貼る。編集者が集めてくれたコピーにも目を通す。思索を深めるために大きな用紙にマインドマップを描いてみる。

再びパソコンを立ち上げて、執筆に取りかかる。昼食もとらずに書き続ける。目がショボショボしてきた。私の左目は慢性の疲れ目で、ときおりピクピクと痙攣《けいれん》する。長時間椅子に座っているので腰が痛くなった。お尻のあたりにも痛みが走る。空腹を感じて時計を見ると夜七時だった。

ふと思うことがある。**僕はどうして文章を書くのだろう。**お金のためか？　それとも自己顕示欲か？　**僕はどうして文章を書くのだろう。**

しかし、こんなふうにも思う。文章を書くお仕事を与えてくれてありがとう、と。

解説

「どうして」「なぜ」「理由」など、読者に考えさせる言葉を使うといいでしょう。5W1Hのなかでも、とくにWhy（なぜ）に人間は好奇心を持つものです。そこを強調すれば、読者は考えてくれます。

日記を書くときも、いつ、どこで、誰が、何を、どのようにしたのかを書いていきます。そして、あえて「なぜ」を強調して、読者に考えてもらうような文章を書いてみましょう。

まとめ

①…読者に考えさせるような書き方をする。

②…強調する方法として繰り返しの言い回しをする。

③…「なぜ」を強調して読者に考えさせる。

芥川龍之介
トリビア❹

いたずら好きだった芥川

伯母フキは芥川を「龍ちゃん」と呼び、我が子のように愛し、甘やかすことなく礼儀正しく育てました。そのため、芥川を知る多くの人々は、彼は礼儀正しかったと語っています。

「何かいたずらをすると、必ず伯母につかまっては足の小指に灸《きゅう》をすえられた」

と芥川は言っています。

また、その頃のことを芥川はこうも書いています。

「最も怖《おそ》ろしかったのは灸の熱さそれ自身よりも灸をすえられるということである。僕は手足をばたばたさせながら『かちかち山だよう。ぼうぼう山だよう』と怒鳴ったりした」

礼儀正しい芥川は、一方で、灸をすえられるほど、わんぱくでいたずら好きな男の子だったようです。

【参考文献】前出『よみがえる芥川龍之介』／前出「追憶」

10 願望が失敗する構成

ポイント

小説『トロッコ』は次のような構成になっています。

①主人公が願望を持つ。

②願望を追求して行動する。

③願望を追求した結果、失敗する。

このシンプルな構成が読者の胸を打ちます。

日記を書くときに、この構成をマネてみましょう。

まずは、どんな願望を書きますか？　その日一日を振り返ってみてください。何か願望を持った瞬間はありませんでしたか？　あのときトイレへ行きたかったとか、ステーキが食べたくなったとか、飛行機に乗ってみたいと思ったとか、何かひとつは必ずあるはずです。あきらめずに思い出してみましょう。

文章例

私はいま、ある企業の依頼で組織変革に関する記事を書いている。記事といっても、書籍一冊分の原稿になりそうだ。とにかく、**資料を集めよう、**と思った。

組織変革といってすぐに思いついたのが、ＩＢＭの危機を救ったルイス・ガースナーだ。ガースナーに関する書籍をインターネットで注文した。ブックレビューを読んでいると、日本企業に関する資料も必要だろうと思い立った。上場廃止から立ち直った日本航空の書籍も注文した。待てよ、組織変革に果敢に挑戦している企業は他にもいっぱいあるはず。パナソニックやシャープやソニーの資料も必要だぞ。

二日後、私のもとに五十冊以上の書籍が届いた。やれやれ。これを全部読んでいたら、締め切りに間に合わないではないか。しかし、考えようによっては、これ全部読んだら組織変革の専門家になれるぞ。このお仕事を与えてくれた依頼者に感謝しなきゃ。

解説

ここでの願望は「資料を集める」ということです。私は「資料を集めよう、と思った」と表現しました。

願望とは望むことです。行動を促《うなが》す動機といってもいいでしょう。「資料を集めようと思った」という動機の赴《おもむ》くままに、インターネットでどんどん購入していく様子を書きました。それが構成の「②願望を追求して行動する」にあたります。

そして、最後の「③願望を追求した結果、失敗する」という部分が、二日後に五十冊以上の書籍が届き、全部読んでいると締め切りに間に合わなくなるというオチです。
『トロッコ』では、この失敗する部分が、不安になって泣きながら無我夢中で走って帰る部分です。最後に失敗するから読者の心を打ち、おもしろいと感じさせられるわけです。

まとめ

①…願望は行動を促す動機である。
②…動機を冒頭に書く。
③…失敗するからおもしろい。

第2章

『蜘蛛の糸』から学ぼう！

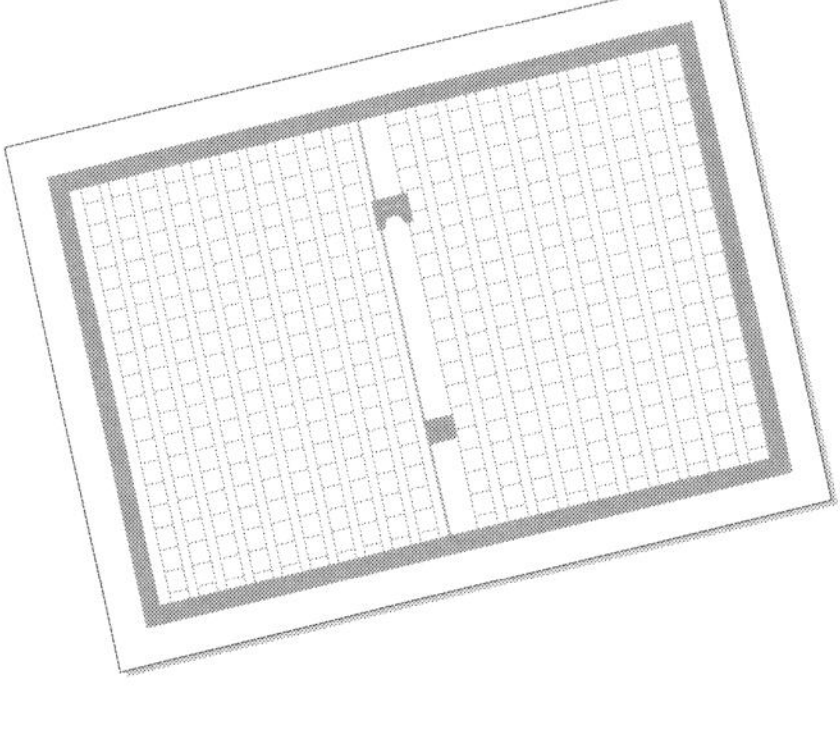

名作『蜘蛛の糸』のあらすじ

◎一九一八年発表

ある朝、お釈迦《しゃか》様が極楽の蓮池《はすいけ》のふちから、地獄の様子をうかがっています。すると、カンダタという男がお釈迦様の目にとまりました。

このカンダタという男、生前は人を殺したり、家に火をつけたり、いろいろ悪事を働いた大泥棒ですが、お釈迦様はこの男が生前ひとつだけ善い行いをしたことを思い出しました。

道端にはっていた小さな蜘蛛《くも》を「これも小さいながら、命のあるものに違いない。その命を無暗《むやみ》にとるということは、いくら何でもかわいそうだ」と踏み殺さずに助けてやったのです。善い行いをした報《むく》いに、お釈迦様は蓮の葉の上にかかっていた蜘蛛の糸を地獄の底に下ろしてあげました。カンダタを地獄から救い出してあげようとしたのです。

一方、カンダタは血の池の空を眺《なが》めていました。すると、遠い天上から銀色の糸が、するすると自分の上に垂《た》れてくるではありませんか。カンダタはその蜘蛛の糸をたぐりよせ上へとのぼりはじめます。これなら地獄から抜け出せる。「しめた。しめた」とカンダタは笑いました。

ところが、ふと気づくと糸の下のほうから多くの罪人たちがアリの行列のようにのぼってきていたのです。自分一人でさえ切れそうなほど細い蜘蛛の糸です。カンダタはこのままでは糸が切れて自分もまた地獄へ落ちてしまうと思いました。そこでカンダタは「こら、罪人ども。この蜘蛛の糸は俺のものだぞ。下りろ。下りろ」と大きな声で喚《わめ》きました。

その途端、今まで何ともなかった蜘蛛の糸がぷつりと切れ、カンダタはあっという間もなく、地獄に落ちてしまったのでした。

名作『蜘蛛の糸』について

名作『蜘蛛の糸』は大正七年（一九一八年）に創刊された文芸誌『赤い鳥』に掲載されました。芥川としては初の児童文学作品です。

この作品の掲載から九年後の昭和二年、芥川の肩に重い責任がのしかかります。放火と保険金詐欺《さぎ》の嫌疑《けんぎ》をかけられた義兄が自殺。彼が遺《のこ》した多額の借金や、遺族の面倒までもが、芥川の双肩《そうけん》にかかってきたのです。自分たち家族だけでも大変な暮らしぶりだったのに、とんでもない「お荷物」をしょい込むことになります。芥川は不安にさいなまれ、地獄の血の池でもがいていたカンダタのような心境だったかも知れません（このあと、芥川も自殺）。

この作品には「エゴイズムでは誰も救えない」という教訓がわかりやすい形で含まれていますが、同時に芥川本人の未来も暗示されていた作品なのかもしれません。

また、そこには私たちの生きるこの現代にも当てはまるメッセージが含まれています。少子化が進み、国の借金は天文学的数字にふくれあがっています。明るい未来を展望しにくいという点で、日本人全体がカンダタのような状態ともいえます。そんなとき、自分だけが窮地《きゅうち》を抜け出せる方法を提示されたら、あなたはどうしますか？

11 ございます調

学ぶ表現パターン　ある日の事でございます。

ポイント

『蜘蛛の糸』は語尾がすべて「ございます」という口調で書かれています。私たちは普段、こんな言葉づかいはしません。話すときは「ですよね」とか「だよね」

といった感じで話しています。

「○○でございます」と言われると違和感があるでしょう。だからこそ、あえて使ってみるのです。違和感というのは、普段とは違うということ。つまり、日常では使わない言葉を使って文章を書くことで、普段使わない筋肉を鍛えるのです。

文章例

今日はとてもいい陽気でございました。私は神田川のほとりを歩いていたのでございます。私は時折立ち止まって、桜のつぼみを見上げ、まだまだ咲きはじめるには一週間以上もかかりそうだなと思った、そのときでございます。

遊歩道を走ってくる若者があるではありませんか。若者は、ナイロン製の上下を着て、フードまでかぶっておりました。汗びっしょりなのに、全身を覆いかくしているのでございます。ポカポカと暖かい日なのに、どうしてそんな服装をしているのだろうと、私は疑問に思ったのでございました。そうとうの寒がり屋さんなのか、それとも、汗をかくのが好きなのか。若者の顎《あご》あたりから汗がしたたり落ちているではありませんか。

すると、若者は少し離れた場所で、シャドーボクシングをはじめたのでございます。なるほど、彼はボクサーだったのでございますね。若者は、減量のために汗を流していたのでございます。

青春のさわやかなワンシーンをかいま見た思いがいたしました。私は若者の背中に向かって「頑張れよ」と心のなかでつぶやいたのでございます。

なぜか、若者に向かって感謝したい気持ちでいっぱいでございました。

解説

たしかに、「ございます調」で書くのは難しいことです。バリエーションがさほどありませんので、同じ語尾の繰り返しになってしまいます。さらに、いつも使わない口調なので、まるで自分じゃないような錯覚《さっかく》さえ起こります。

しかし、だからこそ訓練になるのです。文章の「トレーニング」ですから、負荷《ふか》のかかるものほど鍛えられているのだと思いましょう。自分の日記なのに、まるで他人が登場しているような感覚を味わえるのも、また楽しいではありませんか。

まとめ

①…違和感があるからこそ訓練になる。
②…やったことがないからこそ、やってみる。
③…まるで自分じゃないような感覚を味わう。

芥川龍之介トリビア❺

少年時代の芥川の楽しみはコレ！

芥川は、現在の両国駅近くで生後八カ月から満十八歳まで暮らしていました。この近くに回向院《えこういん》という寺があり、遊び仲間といたずらに石塔を倒し、寺男や住職に追いかけられたこともあったそうです。

寺ではさまざまな見世物が催《もよお》されていたようで、大蛇や鬼の首をはじめ、風船乗りや高い棹《さお》の上からとんぼを切る西洋人の曲芸などを見たそうです。なかでも、芥川が一番おもしろかったと挙げているのは「ダアク一座の操《あやつ》り人形」。ダアク一座とは当時日本に公演に来ていたイギリスの人形劇団のことです。

「面白かったのは道化《どうけ》た西洋の無頼漢が二人、化けもの屋敷に泊まる場面である。彼らの一人は相手の名前をいつもカリフラと称していた。僕はいまだに花キャベツを食うたびに必ずこの『カリフラ』を思い出すのである」

と回想しています。

【参考文献】前出『よみがえる芥川龍之介』／前出「追憶」

12 人物紹介は簡潔に

学ぶ表現パターン 地獄の底に、カンダタという男が一人

ポイント

『蜘蛛の糸』にはお釈迦様とカンダタという男が登場します。カンダタは大泥棒です。しかし、生前に蜘蛛を助けたことがあったため、お釈迦様は地獄に蜘蛛の糸を垂らして助けてやろうとされるのです。

カンダタの登場シーンでは人物紹介がありますが、じつに簡潔です。ポイントは「大泥棒だが、蜘蛛を助けたことがある」ということで、芥川は、その点だけに絞り込んで人物を紹介しているのです。

カンダタがどこの生まれで、どんな親に育てられて、どんな人生を歩《あゆ》んできたのかなど、この物語では不要です。肝心なポイントだけが簡潔に書かれています。

このことをマネて人物紹介をしてみましょう。

文章例

今日の午後、タワシ男を見た。その男は、タワシを連れて歩いていた。犬につけるリードをタワシにつけて新宿の街を歩いているのだ。

「どうしてタワシを連れてるんだろう」と疑問に思った。

そのことをフェイスブックに書きこんだら、こんなコメントが返ってきた。

「きっと最愛の犬が亡くなって気がふれたんだよ」

「いやいや、あれは単に目立ちたがり屋なだけさ」

「何かの宣伝じゃないか？」

いろんな憶測が飛んだ。

次に見たとき、私は勇気を出して男に話しかけた。

「ちょっとお聞きしてよろしいでしょうか？　あなたは、なぜタワシを連れて歩いてらっしゃるのですか？」

すると、男はこう答えた。

「街を掃除しているところですが、何か？」

楽しい話題を提供してくれたタワシ男に感謝だ。

解説

タワシ男を簡潔に紹介してみました。奇妙な男性だということが伝わればいいので、「リードをタワシにつけて歩いている」ことだけにポイントを絞って書いています。日記ですから、あまり長い文章を書く必要はありません。ポイントを絞って書くことをトレーニングとしてやってみてください。

小説を書く人は、ここからふくらませればいいのです。男は何歳くらいなのか、どんな服装をしているのか、どんな歩き方なのか、顔の表情はどうかなど、男性の様子が目に浮かぶように具体的な情報を書いていくことで、話は広がっていきます。

まとめ

①…ポイントを絞って人物を簡潔に紹介する。
②…その文章における肝心なポイントは何かを知る。
③…小説にする場合は具体的な情報を入れて、ふくらませる。

芥川龍之介トリビア❻

芥川はスポーツマンだった！

幼少の頃の芥川は体が弱く、「便秘をしさえすれば、必ずひきつける子供だった」そうなのですが、中学上級の頃には丈夫な少年になります。

その理由は、スポーツをやっていたからです。東京府立第三中学校時代は友人や教師に恵まれ、体も健康になっていた時代で、スポーツとして柔道をやっていました。

当時の写真を見た人は、「短髪で耳が大きく、首が太い」「目は澄んでおり、希望にあふれた顔」をしていると表しています。

健康な体になったのは、小学時代から水泳、中学時代は柔道をやっていたおかげでしょう。丈夫になった中学時代には、しばしば各地へ旅行していたようです。

【参考文献】前出『よみがえる芥川龍之介』

13 視点を変えるテクニック

学ぶ表現パターン

こちらは地獄の底の血の池で、

ポイント

『蜘蛛の糸』の第一節は、極楽でのことが書いてあります。お釈迦様が極楽をぶらぶら歩いて、蓮池に行くのです。その蓮池から地獄の様子を見て、カンダタに向かって蜘蛛の糸を垂らします。第二節の舞台は、地獄に変わります。視点も変わり、カンダタの視点で書かれるようになります。

芥川は場面を変える際に、節の番号をふり、さらに「こちらは○○」と明確に舞台が変わったことを告げています。

視点が変わったり、場面が変わったり、時間が変わったりすると、読者は少し混乱します。「え？　どうしたの？」「さっきまで極楽の話だったのに急に地獄になってしまったよ」「お釈迦様はどこへ行ったの？」と読者はついていけなくなるのです。

その混乱を防ぐために、芥川は、そうした工夫をしているのです。

番号をふらなくても、せめて「こちらは○○です」と視点が変わったことを読者に知らせるようにしましょう。

文章例

昨夜、ＤＶＤで古い映画を観《み》た。ある人物に殺されて幽霊になった男が、愛する女性を守ろうとする物語だ。

女性には危険が迫っていた。男の同僚が女性に近づいているのだ。じつは、この同僚こそ男を殺した実行犯の黒幕だった。男はそのことを女性に知らせようとするのだが、幽霊なのでいくら話しても女性には聞こえない。無論、姿は見えない。

一方、こちらは彼氏が亡くなって傷心状態の女性だ。彼氏の同僚がいろいろと慰《なぐさ》めてくれたり力になってくれたりするので、徐々に心は癒《いや》されていく。

そこへ霊媒《れいばい》師《し》と名乗る女性が、「お前さんの彼氏が、どうしても話したいことがあるんだそうだ」と玄関にやってくる。その霊媒師を通し、彼女は愛する人がそこにいることを知る――。

ともかく、二人が愛を確かめ合うシーンに感動した。こんな素晴らしい映画を作ってくれた人たちに感謝だ。

解説

映画のストーリーを紹介する日記です。前半で男性側の状況を説明し、後半を女性側にして書いてみました。男性と女性の視点が切り替わるところで「一方、こちらは彼氏が亡くなって傷心状態の女性だ」という言葉を入れてあります。この文があるおかげで、読者は混乱することなく読み進めることができます。

視点が変わるというのは、具体的には主語が変わるということです。前半の文章には男性が主語になっている文がありますが、後半には女性が主語になっている文が現れます。

まとめ

①…視点が変わることを明確に告げる。
②…視点や場所や時間が変わると読者は混乱して読みづらくなる。
③…視点が変わるとは、主語が変わるということ。

芥川龍之介トリビア❼

芥川を打ち負かした相手がいた！

頭のいい芥川でしたが、勝てない相手がいました。それが井川恭《きょう》でした。一高時代の親友で、のちに結婚して恒藤《つねとう》姓になっています。

一高の卒業成績は第一文科二十六名中一位の優秀な生徒で、井川の理論の前に、芥川もいつも打ち負かされていました。ときには、感情的な態度で井川に対したようでしたが、井川は寛大な態度で芥川に接していたそうです。

芥川の手紙によると「自分はここで三年間の自分の我儘《わがまま》に対する君の寛大な態度を感謝するのを最適当だと信ずる」と書いていました。さらに、「自分は一高生活の記憶はすべて消滅しても、君と一緒にいた事を忘却することは決してないだろうと思う」とまで言っていました。

【参考文献】関口安義『芥川龍之介の手紙』大修館書店

14 希望を描く

学ぶ表現パターン うまく行くと、極楽へはいる事さえも出来ましょう。

登場人物が希望を持つと、行動が生まれます。人物が動きはじめると物語がおもしろくなっていくのです。人物がちっとも動かないで沈思黙考《ちんしもっこう》していたら、物語としてはまったくおもしろくないですよね。人物をどんどん動かすことが、話をおもしろくするコツです。

ポイント

希望の描き方によって、人物が動き出す方向性を見せることもできます。『蜘蛛の糸』では、カンダタが天上から垂れてくる蜘蛛の糸を発見し、「この糸にすがってのぼっていけば、うまくいけば極楽へ行けるかもしれない」と希望を持ちます。そして、上へ上へとのぼっていくのです。

このように心理の変化をちゃんと書いてから人物の行動を書いていくと、読者もすんなりと読み進めていくことができます。

希望を書く前に悩みや苦しみを書くことも大事です。悩み苦しむ暗闇に差し込んでくる一条の光が希望ですから、先に暗闇を書いておく必要があります。『蜘蛛の糸』にはカンダタが地獄で苦しむ様子が描かれています。

日常でそうした暗闇に一条の光が差し込むような出来事はありませんか。それを日記に書いてみましょう。暗闇といっても大げさに考えないでください。ダイエットがうまくいかないとか、部下のやる気がイマイチ引き出せないとか、身近な悩みでも構いません。そこから希望が生まれるエピソードを書いてみましょう。

文章例

我が家のベランダには梅の鉢植えがある。盆栽のマネごとでもしようと、世田谷羽根木《はねぎ》公園の梅まつりのときに購入したものだ。ところが、購入してしばらくすると、すべての葉がくるくると丸まってしまったのである。

盆栽のことはまったくの素人《しろうと》なので、対処のしようがなかった。病気にかかり、このまま枯《か》れてしまうのだろうか。「この梅にはかわいそうなことをした。私などが買わなかったら、もっと幸せに人生をまっとうしたかもしれないのに」と気をもんでいた。

今朝、花屋さんでそのことを相談してみた。

「葉っぱにダニがついている可能性がありますね。殺虫剤をかければ一発ですよ」と花屋のお兄さんは軽く答えた。なるほど、ハダニのせいだったのか。私は希望を持った。

家に帰り、私は、梅の木の葉にめがけて少量の殺虫剤をかけてみた。しかし、三日たっても、四日たってもくるくる巻いた葉は一向に改善しなかった。インターネットで調べ、薄めた木酢液《もくさくえき》や牛乳スプレーも試した。それでもまったく効果はなかった。

やれやれ、もうお手上げだ。夏の間、一枚一枚落ちていく葉を見送って、寂しい思いを噛《か》みしめた。冬になり、梅の木は、細い枝だけの寒々とした姿を私に見せつける。お前のせいで、こんなになったのだ。お前には盆栽を育てる才能がないのだ。そんなふうに私を責《せ》めるのである。

しかし、二月になり、梅の木につぼみがついた。そして、そのつぼみが次々と花を咲かせたのである。梅の木は死滅したわけではなかった。冷たい雪のなか、梅の花が見事に咲いたのだ。梅さん、梅さん、ありがとう。

解説

この一年間のことを「実況中継」と「心のつぶやき」を交えて書いてみました。主人公はまず「梅の木が病気になったのではないか」と気をもみます。これが暗闇（悩み）の部分です。そこで、病気の原因が判明します。このことに私は希望を持つわけです。希望を持ったからこそ、殺虫剤を購入したり、木酢液をかけてみたり、牛乳をスプレーしてみたりするのです。もしも、ここで希望を持たなかったら、私は何もしなかったでしょう。あきらめたら、行動など生まれないのです。

まとめ

①…文章における希望は、人物が動き出す方向性を見せてくれる。
②…希望は暗闇に差し込む一条の光。
③…希望を書く前に、暗闇の部分を書くこと。

15 「元より」という言い回し

学ぶ表現パターン　元より大泥坊の事でございますから

ポイント

私の文章スクールで最も多いのは次の質問です。

「ボキャブラリーが少ないのが悩みなのですが、どうすればいいでしょうか？」

ボキャブラリーとは、日本語に訳すと「語彙《ごい》」、つまり自分が使える単語の総数のことだといえます。

じつは、かつて私もボキャブラリーを増やしたくて、辞書を一冊丸ごと読んだことがあります。そのなかでおもしろいと思った言葉をノートに書き出しました。いまも気になったカタカナ言葉の辞典や時事用語の本なども購入しています。

ただし、そんなことをしなくても問題はありません。

「難しい言葉や専門用語や誰も知らない言葉などを使うよりも、あなたの考え方を、誰もが知っている言葉でわかりやすく伝えることのほうが重要だと私は思います」

私はいつも、そう答えています。

「それでも、ボキャブラリーは少ないよりは多いほうがいいと思うんです」

「もちろん、そうです。ただ、単語を知っているだけではなく、表現のパターンもたくさん知っておく必要があります」

「表現のパターンですか」

「そうです。『蜘蛛の糸』に出てくる『元より大泥坊の事でございますから』という言い回しは、ちょっと変わっていて印象的ですよね。小説を読んだとき、ちょっと変わった表現を見つけたら、すぐにマネして文章を書く練習をするといいんです」

こうした積み重ねによって表現パターンを身につけておけば、ボキャブラリーの少なさをカバーすることができます。

文章例

今日の夜、初対面の人からこんな相談を受けた。四十代の女性経営者だった。

「私の会社で新しいサイトを立ち上げたんですが、どうも文章が下手でお客さまに伝わらないんですよね」

名刺交換をしたときに、私が文章スクールを主宰していることがわかったからだ。

「なるほど、文章力で売上が左右される時代ですからね」

「一度、私のサイトの文章を読んで、できれば修正してほしいんですけど、いかがでしょうか？　もちろん報酬は差し上げます」

「大丈夫ですよ。**元より物書きですから、そういう仕事は朝飯前です。**報酬などいただくわけにはいきません。なに、ビール一杯でも、おごっていただければ」

「ありがとうございます。では、場所を変えて飲みましょうか」

女性経営者は、私をお台場の高級ホテルにあるスカイラウンジへ案内してくれた。なんと豪華な。たまにはこういう贅沢《ぜいたく》もいいもんだ。一流のサービスを経験させてくれた女性経営者に感謝だ。

解説

「元より〜」という表現をセリフのなかに入れてみました。「元より○○だから、××は得意です」という言い回しです。この言い回しをマネて書いてみると、どこか自分が文豪になったような気分になるから不思議です。ボキャブラリーが少なくても、文豪たちが使っている表現パターンをマネすれば、名調子の文章になります。そのためには、表現パターンをひとつでも多く知ることです。

まとめ

①…ボキャブラリーを増やすためには大量に情報を入れること。
②…難解な言葉より平明な言葉で、わかりやすく伝えることが大事。
③…ボキャブラリーだけでなく表現のパターンをたくさん知ること。

芥川龍之介
トリビア❽

キリスト教に興味を持っていた芥川

芥川はキリスト教の聖書に関心をもって、熱心に読んでいたそうです。

一高時代の同級生・井川恭から英文の『新約聖書』を贈られると、扉横の見返しに「一高在学中／井川君より贈らる」と記し、赤いインクでアンダーラインを引きながら熟読していました。

この聖書は、現在、目黒区駒場の「日本近代文学館　芥川龍之介文庫」に保管されています。

芥川の作品には、『るしへる』『続西方の人』などキリシタンが登場するものがいくつもあります。キリスト教とのかかわりは生涯にわたり続き、自殺するときも枕頭《ちんとう》に聖書を置いていたそうです。

【参考文献】前出『よみがえる芥川龍之介』

16 感情を表現するセリフを入れる

学ぶ表現パターン **「しめた。しめた。」と笑いました。**

「しめた。しめた」というセリフはカンダタが漏《も》らしたひとりごとです。長年地獄で苦しんできたカンダタが、蜘蛛の糸をのぼっていけば地獄から抜け出せると希望を持ちます。そのときの喜びを表現したセリフなのです。

ポイント

感情を表現するときにセリフを使うと、より効果的に読者に伝わります。「カンダタは喜んだ」と書くよりも、**「何年にも出した事のない声で、『しめた。しめた。』と笑いました」**と書いたほうが、臨場感も出てきますし、よりリアルに伝わります。

文章例

電車のなかのこと。ラップミュージシャンのような格好の若者がリクルートスーツの若者の胸倉《むなぐら》をつかんでいた。

「どこに目をつけてんだよ。このボケ」

リクルート男性がラップ男にぶつかったというのだ。しかし、シートに座っていた私はしっかりと見ていた。ぶつかったのはむしろラップ男のほうだった。

「気をつけろよ、この野郎」

ラップ男は次の駅で降りて行った。残されたリクルート男性は、**握りこぶしを震わせながら「う、う、うっ」とうめいていた。**

私は声をかけてやることができなかった。リクルート男性に近寄りがたい雰囲気が覆っていたからだ。心のなかで「悔しいだろう。でも、でも、頑張れ」と応援した。

解説

リクルート男性は、やった覚えのないことで責められ、胸倉をつかまれたのです。誰だって怒ります。ラップ男がいなくなったあとも、その怒りが残るはずです。

しかし、「リクルート男性は握りこぶしを震わせながら怒った」と書いてしまったら、単に怒りの感情を表現しただけになってしまいます。その場の雰囲気をリアルに伝えたいのであれば、もう少し別の表現をする必要があります。

つまり、「怒った」という言葉を使わないで、「『う、う、うっ』とうめいていた」と書くことで、怒り以外の感情、悔しい思いとか情けない気持ちなどのほか、リクルート男性の震える姿が目に浮かびます。短いセリフで、より多くのことを語るわけです。

まとめ

①…感情をセリフで表現する。
②…感情があふれるときの短い言葉を使う。
③…ストレートな表現をせずに、より多くのことを語る。

17 迫りくる危険を描く

学ぶ表現パターン　もし万一途中で断《き》れたと致しましたら

ポイント

危険が迫っていることを書いてみましょう。主人公のカンダタは「蜘蛛の糸が切れるかもしれない」と予測して、のぼってくる罪人たちに「下りろ、下りろ」と喚きます。そして、案の定、蜘蛛の糸は切れるのです。

「糸が切れるかもしれない」と予測して、実際に切れるまでの様子が、読者の関心を引きつけます。危険が迫ってくるときのドキドキ感を味わえるからです。

ここでのポイントは、危険なことを設定することです。起こるかもしれない危険がもたらす不安や恐怖の予感が、読者をドキドキさせます。

文章例

このままでは、クビになるかもしれない。今日、同期のA君がカウンセリンググループに呼ばれた。カウンセリングとは名ばかりの別名「説教部屋」である。

「ああ、次は僕かもしれない」

僕は失禁しそうなくらい体が震えた。パソコン画面に視線を集中させ、クライアントに提出する企画書を読むのだが、内容が頭に入ってこない。僕は目をこすり、何度も顔をパソコンに近づけた。

ふと気づくと、誰かが僕の席へ近づいてくる気配がする。ついに僕が呼び出されるのか……。

観念して頭を上げると、そこに立っていたのは先輩の秋子さんだった。

「疲れてるんじゃない？　これどうぞ」

栄養ドリンクの小ビンを先輩は僕のデスクに置いた。ニコッと笑って僕の肩をポンと叩《たた》く。「じゃ、頑張って」と言って秋子先輩は去っていく。

ふうっ。僕は深呼吸をして、栄養ドリンクのふたをキュッとあける。一気に飲む。甘い香りと炭酸のさわやかさが、全身にエネルギーを吹き込んでくれる。先輩、ありがとう。

解説 不安が的中する場面は書きませんでした。実際に「クビになった」というエピソードを書いてもいいのですが、そうした結論がなくても、読ませる文章になっていると思います。

「クビになるかもしれない」という恐怖が読者の心を引きつけます。繰り返しますが、恐怖や不安や危険が迫っていることが予測されるから、読者はドキドキするのです。

予測を書く表現は『蜘蛛の糸』の例文のように「もし万一○○としたら」でもいいし、「○○かもしれない」や「このままでは○○だろう」でも構いません。自分なりに工夫して、危険の予測を書いてみてください。

まとめ

①…危険の予感があれば、読者をドキドキさせることができる。

②…恐怖に感じることや不安なこと、危険なことなどを設定する。

③…予測する言葉は自分なりに工夫する。

芥川龍之介
トリビア❾

大学時代の芥川に影響を与えたのは
ロマン・ロラン

若き日の芥川に強い影響を与えた人物がいました。それはフランスの文豪、ロマン・ロランです。大正三年（一九一四年）春から夏にかけて、芥川はロマン・ロランの『ジャン・クリストフ』を愛読していました。

当時は理想主義が流行っており、ロマン・ロランは日本の若者に高い人気を博していました。芥川は『ジャン・クリストフ』を繰り返し読み、

「初めて読んだ時は、途中でやめるのが惜しくって、大学の講義を聞きに行かなかった事が、よくありました。そうして朝から晩まで、読みつづけに読み通すのです」

と言うくらいハマっていたそうです。

【参考文献】前出『よみがえる芥川龍之介』

18 印象的な映像描写

学ぶ表現パターン

後にはただ極楽の蜘蛛の糸が～短く垂れているばかり

ポイント

『蜘蛛の糸』の第二章の最後の一文です。蜘蛛の糸が切れて、カンダタが地獄に落ちたあとのことがこう表現されています。

後にはただ極楽の蜘蛛の糸が、きらきらと細く光りながら、月も星もない空の中途に、短く垂れているばかりでございます。

映像が目に浮かぶ文章です。こうした印象的な映像的表現があると文章が引き立ちます。印象的な映像表現をするにはどうすればいいのでしょうか？

まず「印象的」とは何かというと、それは心に刻み込まれるという意味を持ちますから、文章が記憶に残らなければいけません。

では、記憶に残る文章と残らない文章の違いはなんでしょうか？

見慣れたものより、初めて見るもののほうが記憶に残りますよね。そうした新鮮さがポイントです。とはいえ、誰も見たことのないものではイメージしにくいので、読者の記憶のなかにあるものを使って表現するしかありません。

『蜘蛛の糸』では、誰もが見たことのある蜘蛛の糸が登場します。しかし、その糸を人間がのぼっていく姿は誰も見たことがないはずです。つまり、誰もが知っている蜘蛛の糸を、見たことのないような使い方で描写しているのです。そこがポイントとなります。

また、コントラストを使うと印象的になります。明暗をはっきりとつけて、対比させるのです。「月も星もない空」とは暗闇を意味しています。そこに「きらきらと細く光る蜘蛛の糸」が垂れているのです。暗闇と光る糸がうまく対比されて印象的になっています。

文章例

今日僕は二年半付き合った彼女の理沙にプロポーズをした。理沙はまるで天使のような笑顔で「はいっ」と答えた。

「あぁ、今日は最高に幸せな気分だ。たとえ今死んだとしても悔いはない」

僕は心の底からそう思った。同棲をはじめて三カ月が経《た》つ。普段と何も変わらない日常のはずなのに、今日はなんだかすべてのものが新しく見えた。

「電気を消して」

戸棚から緑色をしたメロンリキュールMIDORIの瓶《びん》と懐中電灯を取り出し、僕は理沙にそう言った。

「何をするつもりなの？」。理沙は首をかしげながら、電気を消した。

「いいから、いいから」。僕はすかさず瓶の底に懐中電灯をあてて、スイッチを入れた。

するとと瓶のなかでうごめく緑色のメロンリキュールが懐中電灯の光を吸って、まるで魔法をかけたかのように緑色に光り輝いた。そしてその光は僕と理沙の二人を優しい波のように包み込んでいった。

「わぁ〜すごくキレイね」

「魔法みたいだろ？　これを理沙に今日見せたかったんだ。だって今日は僕と理沙が結婚という魔法にかかった記念日だからね」

そう言うと、理沙は僕の手をギュッと握り、そして僕は理沙の肩をそっと抱き寄せた。

真っ暗な部屋にメロンリキュールの幻想的な緑色の波がいつまでも動いていた。いつまでも。

僕はこの緑色の魔法を作り出したメロンリキュールと懐中電灯に感謝した。ありがとう。そして何より、こんな僕と一緒になってくれた理沙に感謝した。ありがとう。

解説

これは作家塾の仲間が書いたショート小説です。印象的な映像表現を使ってプロポーズのシーンを描き出しています。メロンリキュールという小道具をうまく使った、いい例文です。

メロンリキュールを見たことがない人もいると思いますが、緑と瓶という説明によって、ある程度イメージできるのではないでしょうか。

この例文では飲み物が照明として使われています。このように、普段とは違う使い方をすると、印象度が増します。

真っ暗闇と緑色の光のコントラストも効果的です。

まとめ

①…誰も見たことのないものを書く。

②…誰もが知っているものを見たことがない使い方をする。

③…コントラストをつける。

19 匂いを入れる

学ぶ表現パターン

何ともいえない好《よ》い匂が、絶間《たえま》なくあたりへ溢れております。

ポイント

理由ははっきりしないものの、妙に記憶に残る文章って読んだことがありませんか？　記憶に残るだけでなく、心の奥深いところをくすぐるような、そんな文章です。じつは、ちょっとしたコツを覚えておけば、そうした文章が書けるようになります。

アメリカのポール・マクリーン博士によると、人間の脳には、生命維持を司《つかさど》る爬《は》虫類《ちゅうるい》脳と、感情や理性、言語などを司る哺《ほ》乳類《にゅうるい》脳と呼ばれる部分があるとされます。

ほとんどの文章は哺乳類脳で認識し、記憶されていきます。しかし、爬虫類脳をビンビン刺激する言葉があるのです。

それは、匂いを伝える表現です。『蜘蛛の糸』にも匂いの記述があります。糸が切れたあと、お釈迦様が蓮池のほとりを散歩するのですが、そこで白い花からなんともいえない良い匂いがするのです。「匂い」と書いてあるだけで、人間の嗅覚《きゅうかく》は反応します。その匂いをイメージして疑似体験してしまうのです。「すっぱい梅干」と言われただけで唾液《だえき》が出るようなものです。

匂いの他にも、食事や睡眠、セックスなど、三大欲求を記述すると爬虫類脳は刺激されます。「フカフカの羽毛布団の上でぐっすりと眠った」と書いてあると、読者はどことなくリラックスするものです。

文章例

川崎市の取引先に向かう途中、住宅街を通った。コートの襟《えり》を押さえながら、足早に歩いていると、古びた民家の軒先から、冷たい風と一緒に、ほのかに**甘い匂いが流れてきた。**足を止め、ふと隣りを見上げると、白い、小さい花。

梅の花だ。ぴんっと張った空気のなか、白くふくらんだたくさんのつぼみに交って、ふんわり柔らかい小さな花がいくつも咲いている。

北風が絶え間なく吹きすさび、吐く息はまだ白い。けれど、そのつぼみと、その花はもっと白い。寒さのなかで、小さくともしっかり咲いている梅の花、そして**ほの甘い梅の匂い。**

少しだけ心が落ち着いた。

長い長い冬はもうすぐ終わる。寒く苦しいときが続いても、いつかは暖かい季節がくる。春はすぐそこにいるんだ。仕事の前に少し心を落ち着けてくれた、甘い匂いの梅の花に、ありがとうとつぶやいて、私は取引先に向かった。

解説

取引先に向かう営業社員の日記です。梅の香りがしただけで、気分が落ち着いた様子が伝わったでしょうか。何気《なにげ》ない日常の出来事も、匂いを伝える表現が入るだけで、記憶に残る文章に変わります。

いい匂いは、いい感情を引き出してくれます。梅の甘い匂いを嗅《か》いだとき、この作者は落ち着いた気持ちになっています。逆に不快な匂いは、悪い感情を引き出します。たとえば、悪臭は嫌な気持ちを呼び起こし、怒りを増長させることもあります。

まとめ

①…匂いの表現を入れて、「爬虫類脳」を刺激する。
②…「爬虫類脳」を刺激すると記憶に残る。
③…いい匂いはいい感情を、悪い匂いは悪い感情を引き出す。

20 希望が一瞬で崩れるという構成

ポイント

『蜘蛛の糸』は単純明快なシンプルな構成でできています。
①主人公が希望を持つ。
②邪魔が入る。
③希望が崩れる。

このシンプルな構成のなかで、人間のエゴや愚かしさを表現しているのです。

あなたも毎日の生活のなかで何か希望を持つことがありませんか。「いまよりもいい会社に転職できるかも」とか、「重要なプロジェクトのリーダーになれるかも」とか、「いつものかわいいウエイトレスさんに会えるかも」とか、「あの道の向こうへ行けば海が見えるかも」など、さまざまな希望があるはずです。

その希望についてのエピソードを、この構成をマネて書いてみましょう。つまり、その希望が最後に崩れてしまう、という構成にするのです。

希望がかなうエピソードでは、この構成のおもしろさや書き方のコツなどを身につけることができません。希望がうまくいかないことでリアリティが生まれたり、共感や同情を誘ったりできるのです。そのコツをぜひ身につけてください。

トレーニングとして書いてみるのです。芥川龍之介のように人間のエゴや愚かしさを盛り込む必要はありません。単純に構成をマネてみてください。

文章例

彼女はニッコリと微笑《ほほえ》んだ。彼女の笑顔を見て、**僕は希望を持った。**うまくいきそうだ。今日こそ告白しよう。大丈夫だ。彼女も僕のことを好きに違いない。

「好きです。僕とつき合ってください」

そう伝えれば、彼女は恥ずかしそうに頬《ほお》を赤らめ、「はい」とうなずいてくれるはずだ。映画を観たあと、イタリアン・レストランで告白しようと思うと、胸がドキドキする。

ところが、その日観た映画は、ハゲたハリウッド男優がテロリストと戦うのだが、最後は恋人にフラれてしまうというストーリーだった。不吉な予感……。

しかも、予約していたレストランは混んでいたので、一時間半で出て行ってくれと言われた。僕たちは、大忙しでメインディッシュを食べ、かきこむようにデザートを食べた。ワインの味を楽しむどころではなかった。

それでも肝心な告白だけはしなければならない。僕はあと五分しかないなかで、勇気を振りしぼって「つき合ってください」と言った。

　返ってきた言葉は、

「ごめんなさい。あなたはとてもいい人だけど、そういうふうには見られない」

　目の前が真っ暗になった。彼女にとって僕はただのいい人だったのだ。そういえば誰かが、「いい人」は「どうでもいい人」、と言っていた。優しいだけではダメなのだ。それを気づかせてくれた彼女にありがとう。でも、涙、涙。

解説

　主人公は告白がうまくいくという希望を持ちます。ところが、映画は男がフラれるストーリーでしたし、予約していたレストランはゆっくりできませんでした。つまり、希望に邪魔が入ったということです。そのせいで主人公は焦ってしまい、彼女にフラれてしまいます。『蜘蛛の糸』の構成と同じように書かれた日記です。

　日記以外でもちょっとした文章を書くときに、この構成をマネてみてください。

まとめ

①…冒頭付近に「希望を持つ」という記述を入れる。
②…邪魔を入れる。
③…「希望が崩れる」からおもしろい。

第3章

『杜子春』から学ぼう！

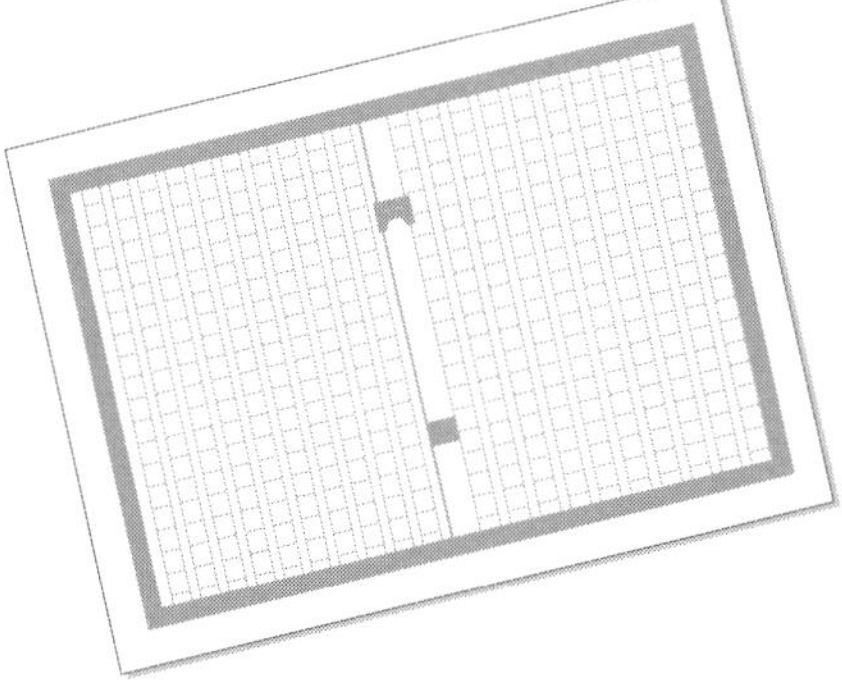

名作『杜子春』のあらすじ

◎一九二〇年発表

元はお金持ちの息子だったのですが、今は財産を使い果たし、憐《あわ》れな身分の杜子春《とししゅん》。そんな杜子春の前に老人が三度現れ、三度とも杜子春を洛陽《らくよう》一のお金持ちにする助言を与えてくれます。二度はその老人の助言を聞き、洛陽一の大金持ちになった杜子春ですが、大金持ちであることのはかなさに嫌気がさし、杜子春は老人に仙術を学びたいと申し入れます。じつはこの老人、峨眉山《がびさん》に住む鉄冠子《てっかんし》という仙人だったのです。

鉄冠子は申し入れを快く受け入れ、杜子春を自らの住む峨眉山へと連れていきます。そして「どんなことが起こっても口をきいてはいけない」と杜子春に言いつけて、その場を去っていくのでした。

鉄冠子が去ったあと、杜子春の前に虎や大きな白蛇が現れ、次に凄《すさ》まじい雷や滝のような雨が襲いかかります。しかし杜子春は鉄冠子との約束を守り、堅く口を閉ざします。すると杜子春は殺されてしまうのでした。

殺された杜子春の魂《たましい》は閻魔《えんま》大王の元へ送られます。

閻魔大王は「その方はここをどこだと思う？　返答しなければ地獄の責苦《せめく》にあわせてくれるぞ」と杜子春を脅《おど》します。しかし杜子春は相変わらず唇ひとつ動かしません。

閻魔大王は最後に、馬に姿を変えた父母を杜子春の目の前に連れてきて、「その方は何のために峨眉山に座っていたか、白状しなければ今度はその方の父母に痛い思いをさせてやるぞ」と脅します。しかし黙ったままの杜子春です。閻魔大王は鬼たちに命じて父母を鉄の鞭《むち》で打ち付けました。皮膚を打ち破られ苦しみ悶《もだ》える父母。しかし杜子春は堅く目をつぶっていました。すると杜子春の耳元にかすかな声が伝わってきます。

「心配をおしでない。私たちはどうなってもお前さえ幸せになれるのなら、それでいいんだ。大王が何と仰《おつしや》っても、言いたくないことは黙っておいで」

懐かしい母親の声です。そんな母親の無償の愛に触れ、杜子春は涙を流しながら、「お母さん」と一言叫んでしまうのでした。気づくと杜子春は洛陽の西の門の下にぼんやりとたたずんでいました。

「お前がもし鞭を受けている父母を見て黙っていたら、おれは即座にお前の命を絶ってしまおうと思っていたのだ。大金持ちには元より愛想が尽きたはずだ。では、お前はこれから何になったらいいと思うな」。鉄冠子は杜子春にそう尋ねます。

「人間らしい、正直な暮らしをするつもりです」。杜子春は晴れ晴れとした調子でそう答えます。「その言葉忘れるなよ」と鉄冠子は歩き出します。

そして去り際に「おれは泰山の南の麓《ふもと》に一軒の家を持っている。その家を畑ごとお前にやるから、早速行って住まうがいい」とつけ加え去っていくのでした。

名作『杜子春』について

名作『杜子春』は大正九年(一九二〇年)に雑誌『赤い鳥』で発表されました。中国の古典『杜子春伝』を童話化したものです。

この『杜子春』で芥川は何を訴えようとしたのでしょうか?

お金持ちになろうとすることは富に関する欲です。仙人になろうとするのは、いわば「人間を超越した存在になりたい」という欲です。富と名声を追い求めた杜子春は、最後、母親の無償の愛に触れ、「人間らしい正直な生活をしたい」と願います。

では、人間らしい生き方とはどんなものでしょうか? 「お金持ちは悪だ。貧乏こそが正義だ」ということを安易に読み取ってしまう方も多いかもしれませんが、じつはそう単純な話ではないと、私は思っています。

いわば、この物語は「人生はいかなる方面にも偏《かたよ》ってはいけないんだ」という中庸の大切さを語っているように思うのです。その証拠に、最後、鉄冠子は杜子春に家と畑を授けます。清貧《せいひん》を奨励《しょうれい》するだけの話なら、異なる結論になったはずです。

私たちの生きる現代でも大金持ちになりたいと思ったり、多くの人から敬《うやま》われる存在になりたいと思ったり、富と名声に関する欲はいつになっても尽きません。反対に、欲望をことさら否定する極端な意見も存在します。

そんな現実の社会に対し、この『杜子春』は「ちょっと待てよ。それでいいのか？　バランスを欠いてはいないか？」と私たちに気づかせてくれます。まさに昔よりも物にあふれ、豊かになった現代の人にこそ読んでほしい作品です。

21 列挙法を使う

学ぶ表現パターン　紗《しゃ》の帽子や、トルコの女の金の耳環《みみわ》や、

レトリックとは文章を際立たせるための修辞技法のことで、『杜子春』でもさまざまなレトリックが使われています。まずは、この列挙法です。

ポイント

列挙法とは名詞を並べて記述する技法です。芥川は「紗の帽子」「トルコの女の金の耳環」「白馬に飾った色糸の手綱《たづな》」など、名詞を並べることで、唐の都の洛陽の雰囲気を表現したのです。

唐の時代の物品が列挙されると、それだけでタイムスリップしたような気分になります。また、そのイメージで美しさを感じさせたり、感動的に見せたりする効果もあります。

文章例

ハワイアン航空に乗ってハワイに向かう。もちろん仕事のためだ。

「出張でハワイなんてあり得ないわ。私一人置いて、あなただけ遊びに行くつもりなんでしょう?」

日本で待つ妻は、最後まで私を疑っていた。でも、取引先が会合場所にハワイを選んだ

のだからしょうがない。

ただ、「せっかくハワイに行くのだから存分に堪能《たんのう》したい」と思っていたことも事実で、行きの機中、僕は妻の顔を思い浮かべていた。女の勘は恐ろしい……。

飛行機を降りるとそこは楽園そのものだった。**街を彩《いろど》る色鮮やかなアロハシャツ、潮風になびくヤシの葉、エメラルドグリーンに輝く海、そしてブロンドの髪とグラマラスなボディーを揺らして砂浜を歩くビキニガール。**

そのすべてが僕を開放的な気分にさせてくれる。

僕はどこまでも青い空を仰ぎながら、「あぁ、最高だ。今すぐに仕事を投げ出して、素っ裸で砂浜を走りたい気分だ」と、ハワイの四大神の「クー」「ロノ」「カネ」「カナロア」に感謝した。

解説

アロハシャツ、ヤシの葉、海、ビキニガール、などを列挙することでハワイの雰囲気をかもし出しています。列挙法は、名詞を並べるだけの簡単な技法ですので、ぜひ日記を書くときにマネしてみてください。

くどくどと、雰囲気や情緒《じょうちょ》を説明するよりも、名詞を列挙するほうがより伝わることがあります。たとえば、スイカ、線香花火、絵日記、海水浴、カブトムシ、と列挙するだけで夏の雰囲気や情緒が浮かび上がってきますよね。

まとめ

①…名詞を列挙するだけで、雰囲気や情緒が伝わる。
②…列挙法には文章を感動的にする効果がある。
③…列挙法にはより美しく感じさせる効果もある。

芥川龍之介トリビア⑩

芥川は学校の先生をやっていた

芥川は大正五年（一九一六年）から二年間、横須賀の海軍機関学校の嘱託《しょくたく》教官として英語を教えていました。芥川は二十四、五歳でしたがすでに文壇デビューしていて、生徒たちの注目の的《まと》だったそうです。

芥川は型破りな先生でした。ファッションは長髪。授業内容も独特で、最初の授業で普仏戦争の敗戦にまつわる悲話を取り上げ、生徒たちをびっくりさせます。

ついたあだ名は「敗戦教官」。

芥川は生徒たちにこんなことを語っています。

「君たちは勝つことばかり教わって、敗けることを少しも教わらない。（中略）戦争というものは勝った国も敗けた国も末路においては同じ結果である」

【参考文献】諏訪三郎「敗戦教官芥川龍之介」（『中央公論』一九五二年三月号）

22 直喩法を使う

学ぶ表現パターン まるで爪の痕《あと》かと思うほど

比喩《ひゆ》には二種類あります。隠喩《いんゆ》と直喩《ちょくゆ》です。

ポイント 比喩はある事物の特徴を他のもので表現する方法ですが、「まるで○○」とか「○○のような」といった言葉を使う比喩表現が直喩、使わない表現が隠喩とされています。

たとえば、「秋子さんはまるで天使のようだ」とか「ガラスのような心を持った少女」といった表現は直喩、「秋子さんは天使だ」とか「ガラスの心を持った少女」などが隠喩になります。

『杜子春』には直喩がいくつか出てきます。「油のような夕日の光」や「細い月が、うらうらと靡《なび》いた霞《かすみ》の中に、まるで爪の痕かと思うほど、かすかに白く浮かんでいる」などです。

比喩はそのものの特徴を強調したいときとか、目に浮かぶような表現をしたいときなどに使います。他のものにたとえるという言葉遊びで文章のおもしろみを出していくのです。

比喩を身につけるには次の三段階で練習してください。一つは、他人の比喩をそっくりマネて使ってみること。二つは、マネた比喩を崩してみること。三つは、使い古された比喩は使わないことです。

まずは、『杜子春』に出てくる「油のような夕日」という比喩をそっくりマネて文章を作ってみましょう。

「秋の六時になると、新宿の街も油のような夕日に包まれる」

では、これを崩してみましょう。

「西の空を見ると、橙色《だいだいいろ》の絵の具をこぼしたような夕日が広がっていた」

では、次の比喩を崩して日記を書いてみましょう。

「細い月が、うらうらと靡いた霞の中に、まるで爪の痕かと思うほど、白く浮かんでいる」

文章例

朝、目覚めると、まだ窓の外は薄暗かった。目覚まし時計をみると四時五十五分。目覚ましが鳴るまで、あと一時間もある。僕はハアとため息をつく。今日の早朝会議で自分の失敗が責め叩《たた》かれるのだ。僕は会議の風景を想像して、またため息をつく。

「あぁ会社に行きたくない、でも行かなければいけない。どうすればいいんだろう」

自然と僕は心のなかでそうつぶやいた。

窓を開け、ふと藍色《あいいろ》に染まった空をぼんやり見上げると、そこには**細い月が、うらうら**

と靡いた霞のなかに、まるでニッコリと笑った口元のように、白く浮かんでいた。

なんだかその月を見ていると、僕の抱えている悩みなんてすぐに解決できそうな、そんな気分になった。「まぁなんとかなるか」。僕はそう思い直し、小さく何度もうなずきながら窓を閉めた。僕はその細く笑った月に感謝した。

解説

月はこの日記のなかでは、かなり重要な要素です。月のおかげで、会社に行きたくないという嫌な気分がつかの間、軽い気持ちになるのですから。このように重要な要素を強調したいときに比喩を使うと、印象に残る文章になります。

まとめ

①…比喩には直喩と隠喩がある。
②…比喩には言葉遊びのおもしろさがある。
③…重要な要素を強調するときに比喩を使う。

芥川龍之介
トリビア⑪

型破りな先生だった芥川龍之介

当時の教官は直立不動で講義するのが普通でした。ところが芥川は、横向きに椅子に腰かけ、足を組み、右の足首を軽く握って講義したといいます。なんと、皇太子時代の昭和天皇が授業を見学したときも、その姿勢を崩さなかったというのです。

講話のときには「心中」をテーマに「男と女が愛し合って死ぬことは人生にとって最も美しいものである」と生徒に話すし、生徒から「小説は人生にとって必要ですか」と質問されると、「小説と戦争とどっちが人生にとって必要です?」と間髪《かんはつ》を入れずに聞き返すなど、当時では考えられないほどの型破りな先生だったようです。

【参考文献】佐久間文子「文豪たちが名教師だった頃」(『文藝春秋』二〇一二年十月号)

23 「やら」という言い回し

学ぶ表現パターン　蘭陵《らんりょう》の酒を買わせるやら、桂州《けいしゅう》の竜眼肉《りゅうがんにく》をとりよせるやら、

これも列挙法のひとつです。列挙法ですから、同じような意味の言葉を並べていきます。

ポイント

『杜子春』にはこう書いてあります。

蘭陵の酒を買わせるやら、桂州の竜眼肉をとりよせるやら、日に四度《よたび》色の変る牡丹《ぼたん》を庭に植えさせるやら、白孔雀《しろくじゃく》を何羽も放し飼いにするやら、玉を集めるやら、錦《にしき》を縫わせるやら、香木《こうぼく》の車を造らせるやら、象牙《ぞうげ》の椅子を誂《あつら》えるやら、その贅沢《ぜいたく》を一々書いていては、いつになってもこの話がおしまいにならないくらいです。

つまり、お金持ちになった杜子春がどんな贅沢な暮らしをしたかを具体的に列挙したわけです。ただ「贅沢をしました」と書くだけでは、その贅沢ぶりは伝わりません。より具体的に書く必要があります。さらに「〇〇やら」と列挙することで、あきれるほど贅沢を

したんだなという意味合いが付加されます。

文章例

うちの上司は仕事をしない。なんやかやと理由をつけて、仕事から逃げるのだ。**腰が痛いといって病院へ行くやら、昨日飲みすぎたといって朝から医務室へ逃げ込むやら、カミさんとケンカして仕事をする気にならないとトイレにこもるやら、娘にかまってもらえなくて元気が出ないと落ち込むやら、はたまた、受付のナナミちゃんが今日は朝の挨拶《あいさつ》をしてくれなかったからとすねるやら、お前のスーツのセンスが悪いから面倒を見る気になれないと文句を言うやら、**仕事をしたくない理由をありとあらゆることに転嫁する、もう困った上司なのだ。

さっきも明日の会議に使う資料を持って行ったら、また逃げられた。新製品のコンセプトについてアドバイスが欲しかったのだけど……。

「そんなもん、お前が客だったらどんなものが欲しいかを考えればいいんだよ。俺は今日お前が入れたコーヒーが不味《まず》かったからアドバイスする気にならん」

などと悪態《あくたい》をつきながら、短くとも的確なアドバイスをくれる上司に、僕は心のなかで、ありがとうございます、とつぶやいた。

解説

この日記では、上司が仕事をせずに逃げる口実を具体的に列挙しています。

「なんやかやと理由をつけて、仕事から逃げるのだ」

こうした文章を前に書いておいて、理由をつけて仕事から逃げ出す具体例を列挙することで、独特のユーモアがある文章になっています。

まとめ

①…「○○やら」という表現を使って、列挙する。

②…「○○やら」という表現で列挙することで、意味が強調される。

③…文章に独特の味わいが生まれる。

芥川龍之介トリビア⑫

偏屈な教師だった芥川

芥川の授業はかなり高踏的《こうとうてき》で、英語のできない生徒はなかなかついていけなかったそうです。

芥川は、「できるものとできないものとを一緒に教えるのは不可能だ」と言って、成績の順に一班から五班に分けて、一班は特にかわいがり、文学の話なども聞かせていたそうです。

その一班の一人が、「どうも芥川教官は自分の知らない単語を、いい加減に教えているらしい」と思って、わざとその単語の意味を質問したことがあったそうですが、芥川は、いつもの平然とした態度で、

「君は、そんな一つひとつの単語を気にしているから点が悪いのだ。僕は英文を君たちに教えているのであつて、単語を教えているのではない。そんなことは、君が一人で勉強すればよい」

と答えました。どこまでも偏屈《へんくつ》な先生だったようです。

【参考文献】前出「敗戦教官芥川龍之介」

24 音を入れる

学ぶ表現パターン

一株の松が、こうこうと夜風に鳴る音だけです。

人間は五感をフルに使うことで、記憶力や認識力、イメージ力などが高まり、記憶に残りやすくなります。

ポイント

そこで、今回は聴覚、つまり音を意識して文章を書いてみましょう。

車のエンジン音、高層ビルの間に吹く風の音、救急車のサイレンの音、パソコンのキーボードを叩く音、時計の音、心臓の音、骨が鳴る音など、日常のなかにはさまざまな音があふれています。そのなかで自分の印象に残った音を日記に書いてみてください。

文章例

仕事帰り。近所の居酒屋で親父《おやじ》と酒を飲んでいると、店の奥から、**がしゃんと皿が割れる音**がした。カウンターに立つ、いつも物静かな大将が「失礼」と小さく言った。突然割り込んできた大きな音に話が中断させられ、**周囲のざわめき**が俺たちの間に流れ込んだ。

「お前が起業とはなあ」

ぼそりと、重いものを吐き出すような親父のつぶやきと、大将が持つ**包丁の、とんとんとまな板を叩く音**が俺の耳に届いた。

俺は来月会社を辞めて、自分で会社を作る。うまくいくかどうかなんてわからない。でも、自分で事業を立ち上げるのは、俺の夢なのだ。

「まあ、やれるだけやってみろや」

親父の手元にあるグラスの氷が溶けて、**カラン、と音をたてた。**

本当はもっと言いたいことがあるはずなのに、黙って俺の決断を受け入れた。応援してくれる親父に、俺は小さく、ありがとう、と言った。

解説

文章に音が入ってくると、その場の雰囲気がリアルに伝わります。まるで映画でも観《み》ているように迫ってきますから、ぜひとも取り入れてみてください。

文章例のように、その場、その場で聞こえてきた音を書いてみるのです。実際にそのときにした音でなくても構いません。記憶のなかにある音を掘り起こして書いてみましょう。

まとめ

①…音が入ると脳が刺激され、記憶に残る。
②…音を意識して一日を過ごしてみる。
③…実際には聞こえなかった音も書いてみる。

25 擬声語を入れる

学ぶ表現パターン 風がぴゅうぴゅう吹き荒《すさ》んでいる

ポイント

表現法には、「わんわん」や「ドカン」など、ものが発する声や音を表す擬音語と、「きらきら」や「にやにや」など、状態や心情を表す擬態語とがありますが、それらを総称して「擬声語」といいます。

擬声語を交えて書くことで、読む人に一気に親近感を湧《わ》かせられるという効果や、物事が生き生きと伝えられるという効果があります。

ただし、使いすぎには注意してください。あまり多用すると稚拙《ちせつ》な文章に見えます。

なお、フランス語で擬声語のことを「オノマトペ」といいます。「オノマトペ」という言葉を使う人も多いので覚えておいてください。

明日の打ち合わせのために作った報告書を読むと、上司がさっそくダメ出しをしてくれた。

文章例

「だからな、もっとこう、**ズドン**とお客さんに伝わるような書き方をしなきゃ駄目なんだよ。お前のはなんか、**うにゃうにゃっ**としてて……もうちょっと一本こう、**ピシッ**とした表現じゃないと……」

うちの上司は話が抽象的だ。**ズドンだの、うにゃうにゃだの、ピシッとだの、**よくわからない。あいまいにするんじゃなくて、ちゃんと筋道を立てて、断定的に書け、と言いたいのだろうか。俺は自分で勝手に理解した。書き直して、再び上司に書類を出す。

「そうだよこれだよ！　これなら**スッ**と入り込めて、**パッ**とわかるだろ。やればできるじゃないか。最後は特にいい。俺がお客さんなら、**ググッ**とくるね！」

ほめられているようだけど、相変わらずよくわからない。ただ、最後に「**ググッ**とくる！」と言われたのには、どこか誇らしげになれた。

「ありがとうございます」

僕はそう上司に言うと、**グイッ**と胸を張り、自分のデスクに戻った。

解説

擬声語が入るとウフッと笑ってしまうような文章になるから不思議です。つまり、ユーモアのセンスといってもいいでしょう。

一般に、関西の人は擬声語を上手に使います。擬声語を交えて話をしてくれると、聞いているほうも楽しくなります。何気《なにげ》ない普通の話でも、関西人が話すとおもしろく聞こえるのは、擬声語のおかげかもしれません。

まとめ

①…擬声語は、擬音語と擬態語に大別される。
②…擬声語を使うと物事を生き生きと伝えることができ、親近感も湧く。
③…擬声語が入るとユーモアが増して、おもしろくなる。

芥川龍之介
トリビア⑬

教師の仕事は芥川の性分には合っていなかった？

芥川の授業はユニークなものでしたが、学校の業務は苦手だったようです。

ある同僚は、

「芥川さんは学校の答案調査がいつも遅くて、届出とか報告書とか一人では書けなかった」

といった証言をしています。

この言葉通りだと、芥川は事務処理能力がなかったように思えますが、実際は、創作に力を入れていたため、学校業務は後回しにされたようです。

授業があってもなくても勤務中は学校にいなくてはならない制度であったこと、学校勤務にまつわる各種の雑務や、やたらと多い会議も創作するうえではマイナスになったのでした。

【参考文献】前出『よみがえる芥川龍之介』

26 繰り返しのテクニック2

学ぶ表現パターン 何という有難《ありがた》い志でしょう。何という健気《けなげ》な決心でしょう。

ポイント

『杜子春』では繰り返しのテクニックが効果的に使われています。とくに後半です。鬼たちの責苦にあう母親が「私たちはどうなっても、お前さえ幸せになれるのなら、それより結構なことはない」と言います。そのあとの文で「何という有難い志でしょう。何という健気な決心でしょう」と「でしょう」を繰り返しているのです。

「でしょう」を繰り返すことで、杜子春が心を打たれている様子が伝わってきます。

つまり、深く感動したり、強く胸を打たれたときに、語尾を繰り返すことで、その意味を強調する文章テクニックです。

これは、文頭に付ける「なんという〜」または「なんと〜」という表現とセットで覚えておいてください。「なんという○○でしょう。なんという××でしょう」「なんと○○だろう。なんと××だろう」という文章になります。

この文章テクニックを使って日記を書いてみましょう。

文章例

今日、高校時代からの友だちの家に遊びに行った。「久しぶりにテニスサークルの同期で集まらないか?」。当時サークル長を務めていた山やんからの突然の提案だった。

駅から徒歩数分のところに立つ、三階建てのマンション。友だちの部屋のドアからは、楽しそうな笑い声が聞こえてくる。僕は心を躍らせながらインターホンを押した。

「待ってたぜ、まぁ入れよ」。山やんの声だった。僕はゆっくりとドアを開けた。すると、部屋のなかは何も見えないくらいに真っ暗だった。僕が戸惑っていると、誰かが僕の手を引く。僕は訳もわからず歩いた。そしてリビングへと繋《つな》がる扉を開けると……。

パンパンパン！　爽快《そうかい》な破裂音と共にパッと電気がついた。僕の体にはクラッカーの紙が巻き付いている。

「ゆうちゃん！　結婚おめでとう！」

あたりを見渡すと、そこには見慣れた顔が五、六人立っていた。そしてテーブルの真ん中にはケーキが置かれている。僕はこのとき、ようやくすべてを理解した。

僕はつい先日結婚した。しかし結婚式は身内だけで済ませ、まだ友だちには誰も報告していなかったのだ。それをどこで知ったのか、仕事が忙しいなか、時間をつくって僕のために集まってくれたのだ。**なんと心温まるサプライズだろう。なんと素晴らしい友だちを持ったことだろう。**僕は涙をこらえることができなかった。心温まるサプライズをしてくれた友だちと、こんなにいい友だちとめぐり合うことができたこの人生に感謝した。ありがとう。ありがとう。

解説

「なんと～だろう」と二回繰り返すことで、感動の大きさを最大限に強調しています。「なんと心温まるサプライズだろう」と一回書くよりも、繰り返したほうが感動した様子がより伝わってきますよね。

皆さんも一言では書き切れないほど感無量になったことがあると思います。そんなときは「何と～だろう（でしょう）」を繰り返して書いてみることです。

まとめ

①…感動した出来事を書くとき、「なんと～だろう（でしょう）」を繰り返す。

②…「なんと～だろう（でしょう）」を繰り返す前に、自分が感動した出来事をしっかりと書く。

③…ただし、繰り返しすぎには注意。

27 セリフのあとに動作を入れる

学ぶ表現パターン　眼に涙を浮べたまま、思わず老人の手を握り

ポイント

「セリフのあとの文はどう書けばいいのでしょうか？」

と質問してくれた女性がいました。セリフのあと、つい「と○○は言った」ばかり書いてしまうというのです。

「バカやろう」と父は言った。
「バカはどっちよ」と母は言った。
「ちょっと夫婦ゲンカはやめてよ」と私は言った。

これじゃつまらない文章になってしまいます。

「つぶやくように言ったのかもしれませんし、笑いながら言ったのかもしれません。どんなふうに言ったのかを書いてみてはどうでしょう」

私はそう答えました。

「バカやろう」と父は顔を真っ赤にして怒鳴った。
「バカはどっちよ」と母は父を相手にせず、チャーハンを作りながらつぶやいた。
「ちょっと夫婦ゲンカはやめて」と私はあきれ口調でたしなめた。

こう書くとその場の雰囲気が伝わります。

セリフのあとにいきなり動作を入れるパターンもあります。

『杜子春』では、閻魔大王のもとから現実に戻った杜子春が、仙人から「とても仙人にはなれはすまい」と尋ねられたあと、こんなことを言います。

「なれません。なれませんが、しかし私はなれなかったことも、反《かえ》って嬉《うれ》しい気がするのです」

杜子春はまだ眼に涙を浮べたまま、思わず老人の手を握りました。

セリフのあとに動作を入れることで「〇〇と言った」の繰り返しという単調さを脱することができます。さらに、臨場感が増し、情景が目に浮かぶような文章になるのです。

文章例

「また駄目だった」

僕は、放課後、幼なじみの恵美の部屋で肩を落とした。また好きな子にフラれてしまったのだ。これで六回目だ。

「大丈夫だって。いつか絶対にいい人が見つかるよ」

恵美は笑いながら僕の肩をぽんと叩く。

「いつかっていつだよ。僕のことなんか誰も好きになってくれないんだ」

あまりに自分が情けなくて、僕は両手で顔を覆う。

「そんなことないよ。啓介にはいいところが、いっぱいあるよ。優しいし、いつも私が落ち込んだとき、話聞いてくれるじゃん」

顔を上げると、恵美は僕のほうをじっと見ている。彼女の目を見ていると、さっきまでの情けないものが少しだけ溶けたような気がした。

「大丈夫だって。あ、のど乾いたから、なんか飲み物持ってくるね」

恵美が立ち上がって、ぱたぱたと部屋を出ていく。

「……いつもありがと」

僕は見えなくなった恵美の背中に感謝の言葉をかけた。

解説

セリフのあとに動作を入れることで、その人物がどのようにセリフを言っているのか、ありありと思い浮かべることができるのではないでしょうか。その場面が立体感を持ちはじめるようになります。

単純に「と○○は言った」ではなく、「どのように」言ったのかを書き加えるだけで、文章力は大幅にアップします。

まとめ

①…「どのように」セリフを言ったのか書き加えてみる。
②…セリフのあとに動作を加えると、「どのように」言ったのかをうまく描くことができる。
③…セリフとともに動作があると、その場面の臨場感が増す。

第4章

『羅生門』から学ぼう！

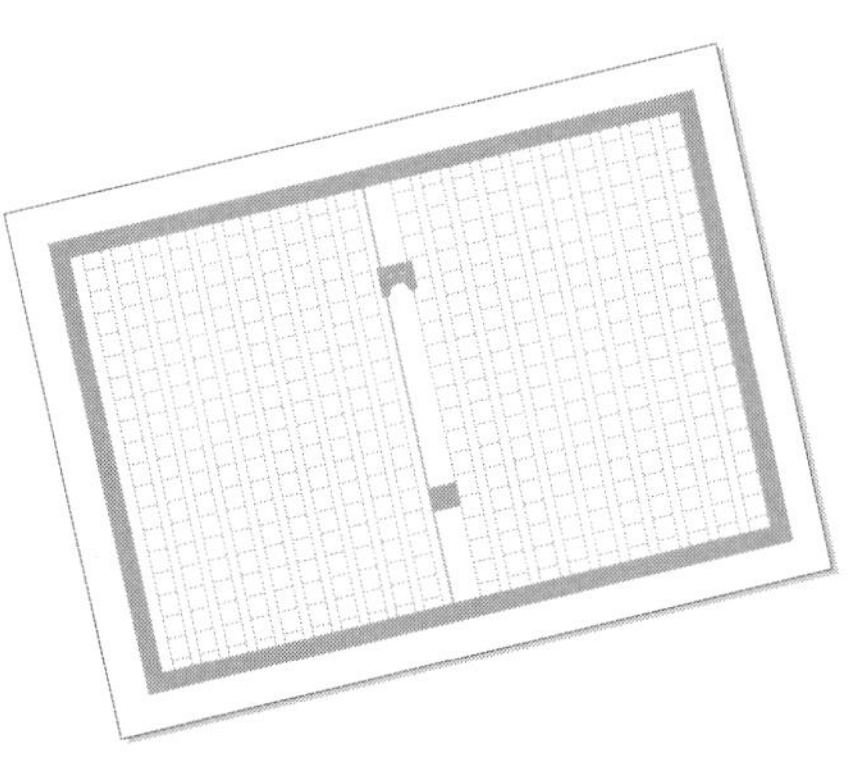

名作『羅生門』のあらすじ

◎一九一五年発表

ある下人《げにん》が羅生門《らしょうもん》で雨宿りをしていました。地震や、辻風《つじかぜ》、火事、飢饉《ききん》などの災厄が続き、洛中《らくちゅう》がさびれ果てていた時代です。この下人もそのあおりをうけて、四、五日前に奉公先を追われ、行くあてもなく羅生門の下で途方にくれていたのです。

この羅生門も荒れ果てていました。しまいには引き取り手のない死体の棄《す》て場所として使われていたほどです。

男は「このまま餓死するなら、盗人《ぬすびと》になるほかはない」と思ってしまいます。しかし下人は「落ちぶれる勇気」が持てずにいたのでした。

そして夕暮れ時。寒さをしのぐため、下人は羅生門の上の楼に上り一晩を明かそうと考えます。

楼の上で下人は、老婆が女の死骸《しがい》から髪の毛を抜いている光景を目の当《ま》たりにします。男はこの老婆に対して憎悪を抱きます。それは、さっきまで自分が盗人になると考えていたことをすっかり忘れてしまうほど強いものでした。

　男は老婆に太刀《たち》を突きつけながら、「何をしていた。言え。言わぬと、これだぞよ」と問い詰めます。

「髪を抜いてカツラにしようと思ったのだ。このままでは餓死してしまうから、仕方なくやったことだ」と老婆は男に答えます。

　男はこの老婆の言葉に感化されます。

「では、おれが引剥《ひは》ぎをしようと恨むまいな。おれもそうしなければ餓死する体なのだ」と、下人は老婆の着物を剥ぎ取り、どこかへ去っていったのでした。

名作『羅生門』について

　この名作『羅生門』は芥川が東京帝国大学在学中の大正四年（一九一五年）十一月に雑誌『帝国文学』で発表されました。

　この作品は「生きるために悪事を働く」というエゴイズムを表現した作品です。しかし同時に、生存の危機にある場合は、殺生《せっしょう》も許されるのではないかという議論を突きつけるものでもあります。

もとは盗人になれずにいた正義感の強い若者が、老婆とのやり取りで犯罪に走り、貧しさから犯罪に溺《おぼ》れていく。その心境の変化が、この作品には印象的かつリアルに描かれています。

この『羅生門』が書かれた当時、世界は第一次世界大戦の真っ最中。帝国主義の時代であり、各国が覇権を争って戦争していた激動の時代でした。まさに、自国が生きるために他国を死に至らしめることが当然とされていた時代ともいえます。

国内においても、国民のお金が吸い上げられて軍事費として使われ、庶民の生活を苦しめた時代です。

そうした時代に対する批評精神が、芥川に『羅生門』を書かせたのかもしれません。

しかし、考えてみれば、現代も似たような世相といえるのではないでしょうか。貧富の差が激しくなり、ワーキングプアが急増。労働者を平気で搾取《さくしゅ》するブラック企業が幅をきかせるなど、まさにエゴイズムが渦巻く、『羅生門』の時代といえます。

さて、現代を生きる私たちは、人間らしく、助け合って生きていくことができるでしょうか。

28 書き出しに「いつ」を入れる

学ぶ表現パターン　ある日の暮方の事である。

ポイント

最初の一文、つまり書き出しでつまずく人がいます。文章スクールにも、「何から書きはじめればいいのかわかりません」という人が少なくありません。

「書き出しの文章テクニックはたくさんあります。なかでもエピソードからはじめるのが一番いいですよ」

そう私はアドバイスしています。そのエピソードが起きた日付や時間から書きはじめるのです。

文章例

三月二十一日。今日は、結婚記念日だ。

プレゼントを忘れたことに気づいて、仕事が終わってから家に取りに帰る。

「おかえりー」

来月から小学校に通うことになる、娘の満里奈が僕を出迎えてくれた。

「ただいま。といっても、お父さんはすぐ出かけるんだけど」

すると、義母がキッチンから顔を出した。今日は僕らがいないから、満里奈の面倒を見てくれるよう頼んだのだ。

「あら、おかえりなさい。今日は明子と一緒なんじゃないの？」

「ちょっと忘れ物をしてしまって……」

そう言うと、義母がふふっと笑みをこぼした。

「ところで、明子は？」と問う僕。

「あら、もう出たわよ」

「え？　もう？」

約束の時間にはまだ一時間以上ある。

「ママ、すっごいおしゃれして出てったよ」

満里奈が僕の足にまとわりつきながらそう言った。

結婚八年目。今は子どももできて、自分ではあの頃と気持ちが変わってしまったと思っていたけれど、そういえば、僕も明子と結婚する前は、彼女と会うまでが待ち遠しくて仕方がなかった。

タンスに隠しておいたプレゼントを鞄《かばん》に入れて、彼女との待ち合わせ場所に行く。会ったら、こう言ってやろう。

「八年間、一緒にいてくれてありがとう。これからもよろしく」

解説

冒頭に日付の「三月二十一日」を入れています。具体的な日付があると、その日は何の日だろう、と読者の興味を引くことができます。あとはその日のエピソードや、その日にまつわる過去の話などを書けばいいのです。

書き出しに迷ったら、「いつ」を書くと覚えておいてください。

まとめ

①…エピソードが起きた具体的な日時を書いてみる。
②…「夏のある日」などの表現でもOK。
③…そのあとは、その日にあったエピソードやその日のエピソードにまつわる話を書く。

29 「なぜかというと」という言い回し

学ぶ表現パターン　何故かというと、この二三年、

ポイント

大手メーカー勤務の三十代の女性が、こんな悩みを打ち明けてくれました。

「いつも上司から、君の意見は論理的じゃないと叱られます。報告書を書いても、論理的に書きなさいと言われるんです。そもそも論理的って何ですか？」

深刻そうに彼女は言います。

「まず言えるのは、理由が書いてない文章は、論理的じゃないと言われる可能性があります。自分の考えを述べたら、必ずその理由を書くようにしてください。

たとえば、『スマートフォンがなくなったら私は生きていけません』と書いているだけだと、論理的じゃないと叱られるでしょう。そのあとに、なぜ生きていけないのかという理由を書く必要があるのです。『なぜかというと、私は孤独が嫌いで、一分一秒でも誰かとつながっていないと不安で、死にたくなるからです』などと、何でもいいから理由を書けば、論理的にみえます」

私はそう説明しました。

「なぜかというと」という言葉を書いて、その理由を書く習慣を身につけてください。「5W1H」のWhyを多くの人は忘れているのです。とくに、自分の考えを述べたときは、必ず理由を書くようにしてください。

文章例

残業をしてから会社を出ると、空にまあるい月が浮かんでいた。思わず足を止めて、月を見上げ、僕は大きく息をついた。僕は今とても落ち込んでいる。**なぜかというと、**昨日、好きな人に告白したがフラれてしまったからだ。

彼女とは合コンで知り合った。僕自身、合コンはちょっと苦手なのだけれど、友だちから「人数が足りないから、どうしても」と誘われて、しぶしぶ行ったコンパに、彼女がいた。彼女も僕と同じで合コンが苦手だったらしく、似た者同士で気が合って、その場で連絡先を交換。後日、二人だけでデートをした。好きなアーティストが同じだったこともあり、一緒にライブに行ったりもした。価値観が似ていて、とても自然に一緒にいることができた。向こうも同じような気持ちでいるのがわかった。

でもフラれた。**なぜかというと、**彼女にはずっと好きな人がいるからだ。

うまくいかなかった。けれど、僕はたくさんのことを得ることができた。世の中好きなだけではどうしようもないことがあるということ、ここまで誰かを好きになれたということ、思いを伝えられたこと。

空に浮かんだ白く輝く月を見上げて涙をこらえながら、たくさんのことをくれた彼女に向けて、ありがとう、そしてさようなら、と心のなかでつぶやいた。

解説

読み手は事柄に対して、根拠や理由を求めます。それが伝わらないと、読み手はストレスを感じてしまうのです。

自分の考えや感情を書いたら、その理由を書いてみましょう。例文では「落ち込んでいる→なぜかというと」「フラれた→なぜかというと」と、事柄の理由を説明しています。理由を書けば論理的になり説得力が増しますし、なぜそういう気持ちになったのかという理由を書けば、読み手は著者の感情をイメージしやすくなります。

まとめ

①…読み手は根拠や理由を求める。
②…自分の考えや感情を書いたら、理由を書く。
③…理由があれば、文章が論理的になる。

芥川龍之介
トリビア⑭

相手が誰であっても一歩も引かない芥川

海軍機関学校の嘱託教官をしていた頃、お昼の食堂で機関中将の船橋校長と芥川が文学論で言い争いになったことがあったといいます。

芥川が、「校長、そりゃ駄目です。おもしろいという意味が違いますよ」と言うと、老校長はにこにこと笑いながら、「そんなことを言ったところで、誰も読まんだろう。人が読まんでもいいのかね」と言い返しました。

他の教官や教員らは、茶を飲んだり、煙草《たばこ》を吹かしたりしながら、その議論を聞いていています。

校長はおもしろがって芥川にからんでいるらしく、芥川はそれを承知のうえで、校長を言い負かそうとしている様子なのです。

言っていることは他愛もないことですが、両者とも攻撃的な態度で張り合うので、決着がなかなかつかなかったそうです。

【参考文献】『現代知性全集第二十七巻　内田百閒集』日本書房

30 肌感覚を入れる

学ぶ表現パターン　**火桶が欲しいほどの寒さである。**

ポイント

五感を刺激するような文章を心がけてください。色、音、匂いは書けるのですが、肌感覚は意識しないとなかなか書けません。たとえば、「熱い」「冷たい」や「暑い」「寒い」「鳥肌が立つ」「虫唾《むしず》が走る」「悪寒《おかん》が走る」「汗でシャツがべっとり肌につく」などです。意識して、こうした言葉を使うようにしてみましょう。

文章例

「お父さんと一緒の空気を吸いたくない」

日曜日の昼下がり。**ほどよくざらざらしたソファ**に寝ころがっている私の胸を、娘の言葉が深々とナイフのように貫いた。

お父さんの顔を見るとキモくて**鳥肌が立つ**だの、お父さんの声を聞くとキモくて**寒気《さむけ》がする**だの。

キモくてしか言えんのか。挙句《あげく》の果てには、一緒の空気は吸いたくないだと？

ふざけるな！　それがここまで大切に大切に育ててやった親に対する言葉か!!

と、私はクッションに顔を突っ込んで、娘に聞こえないように言ってやった。

クッションのふわふわが私の頬《ほお》をくすぐる。タオル地のクッションに頬を埋めると、昔のことを思い出す。ああ、昔はよく娘にこうやって頬ずりしてやったものだ。最後に頬ずりしたのは、いったいいつだっただろう。いや、そもそもいつから娘は私のことをゴミくずのように扱うようになったのだろう。小学校を卒業した頃か？　中学二年の秋頃か!?

「昔からでしょ」

横にばかり成長してすっかり昔の面影《おもかげ》がなくなった妻も、私の心に**乾いた風**を吹かせるばかり。この家には私を抱きしめ、温《ぬく》もりを与えてくれる存在はもういないのだろうか。

そんなことを考えていると、背中に**暖かい何か**が覆いかぶさってきた。まさか、娘が父を深く傷つけてしまったことを悔い改めようと、寄り添ってきたのだろうか。

気に病《や》まずともよい、娘よ。父というのは、たとえ娘から虫けらのように扱われようと、ただひたすら娘を愛《いと》おしく思うものなのだ。さあ、仲直りのハグをしよう！

が、私に覆いかぶさってきたのは娘ではなかった。娘はとっくに家を出て、彼氏の家に遊びに行ってしまったらしい。背中にくっついているのは愛犬のタメ蔵だった。

しかし、彼の優しさに私の**胸は熱くなった**。

タメ蔵！　お前だけだ、私のこの胸の苦しみをわかってくれるのは！
彼の体温が、私の冷たくなった心を温めてくれた。ありがとう、タメ蔵。

解説

例文には「クッションのふわふわが頬をくすぐる」「背中に暖かい何かが覆いかぶさった」など直接的なものから、「鳥肌が立つ」「寒気がする」「胸が熱くなった」など、感覚的なものまで、たくさんの肌感覚＝触覚に関する表現が書かれています。肌感覚に関する言葉は読み手を刺激し、情景や感覚をイメージしやすくなります。

まとめ

①…色や匂いだけでなく肌感覚に関する事柄を入れてみる。
②…肌感覚に関する言葉は、読み手の肌感覚を刺激する。
③…肌感覚を刺激すれば、イメージが湧《わ》きやすくなる。

芥川龍之介トリビア⑮

芥川が大失恋事件を起こしていた！

大正三年（一九一四年）、二十四歳の芥川には、愛の手紙を交わしていた女性がいました。青山女学院英文科卒の聡明《そうめい》な女性だったそうです。

この女性に、ある陸軍中尉との縁談話が持ち上がりました。このことを知った芥川は急速に彼女への想いを高め、求婚を決意します。

ある夜、芥川は養父母らに自分の決意を告げましたが、激しい反対にあいました。反対された理由は、彼女が「士族」ではないこと、彼女には悪評があることなどといわれますが、それに加えて他人との婚約の話がある女性にプロポーズをしようというやり方も、養父母らの反発を買ったようです。

願いがかなわないことがわかると、芥川は伯母フキとともに夜通し泣いたといいます。

【参考文献】前出『芥川龍之介の手紙』

31 感情を数値化する

学ぶ表現パターン　六分の恐怖と四分の好奇心

『羅生門』のなかには、右に記したように感情を数値化した表現があります。この表現方法はユニークですが、考えてみれば、一〇〇％の恐怖、一〇〇％の喜びという感情はなく、複数の感情が入り混じっているのが普通でしょう。そういった意味でも、身につけておくと使える表現だといえます。

ポイント

まずはそっくりマネてみましょう。『羅生門』の「**六分の恐怖と四分の好奇心とに動かされて**」という表現を日記に使ってみてください。ちょっと怖いけど、その先が見てみたいという状況ですね。この一文があるとドキドキ感が読者に伝わります。

そっくりマネができるようになったら、次は少し改良を加えましょう。まずは「恐怖」を他の感情と代えてみてください。たとえば、こんな感じです。

私は**六分の不安と四分の好奇心**に突き動かされて、そのドアを開けた。
秋子は**六分の喜びと四分の好奇心**で胸をふくらませ、その箱を開けた。

こんな感じです。こうして、少しずつオリジナルの表現に変えていきましょう。

文章例

休日の昼下がり。買い物帰りに家のポストをのぞき込むと、俺の心拍数が二倍に跳ね上がった。

ウェディングドレスに身を包んだ学生時代の元カノが写った、「結婚しました」の文字が入ったハガキ。手に取ると、いろんな感情が湧き上がる。**懐かしさ一割、おめでとうという感覚二割、**元カノの隣にいる男への**嫉妬心三割、そして、後悔四割。**

付き合っていた頃は、ケンカばかりだった。自分のことをわかってくれないと言って彼女に苛《いら》立《だ》ちをぶつけ、うまくいかないのを全部彼女のせいにしていた。でも、それは俺のわがままだった。俺はただ彼女に甘えていただけだ。あのとき、もっと彼女と向き合うことができていたら、彼女の隣に立っていたのは、俺だったかもしれないのに。

「誰これ？　キレイな人だねえ」

突然、妻が手紙をのぞき込んできた。

「ば、バカ。いきなり声かけてくるな！」

「ぼーっとしちゃって。昔の彼女だったりして」

「んなわけねーだろ！　勝手に妄想をふくらますな！」

「ふーん。ならいいけどね」

そう言って家に入っていく妻を見送る。**余計なこと考えやがって、が四割。あいつは何でもお見通しなんだろうな、が六割。**

解説

感情が動いたとき、どんな感情が浮かんだのか振り返ってみてください。さまざまな感情が混じり合っているのを知るはずです。そうした感情を一つひとつ取り上げてみましょう。そして、それを数値化してみてください。具体的な数字で書くと、複雑な感情の様相や感覚が読み手に伝わりやすくなります。

まとめ

①…一〇〇%の感情はなく、複数の感情が入り混じるのが普通。

②…感情が動いたとき、どんな感情が浮かんだのか一つひとつ振り返ってみる。

③…浮かんだ感情を数値化してみる。

芥川龍之介
トリビア⑯

文には何通も熱烈ラブレターを送っていた！

芥川は筆まめな人物で、書簡は確認できるものだけでも千七百通を超えています。なかには熱烈なラブレターもあり、のちに妻となる塚本文に宛てた次のような手紙もあります。

この頃ボクは文ちゃんがお菓子なら頭から食べてしまいたい位可愛いい気がします。嘘《うそ》じゃありません。文ちゃんがボクを愛してくれるよりか二倍も三倍もボクの方が愛しているような気がします。

何よりも早く一しょになって仲よく暮しましょう。

あの芥川がこのような文章を書くなんて意外ですよね。文はこの手紙を読んでどう思ったのでしょうか。聞いてみたいものです。

【参考文献】石割透 編『芥川竜之介書簡集』岩波書店

32 感情の変化を書く

学ぶ表現パターン　憎悪の心を、いつの間にか冷ましてしまった。

ポイント

感情の変化を描写すると、文章が生き生きします。日記を書くときも、その日の出来事を思い出して、感情が変化した場面を詳しく書いてみてください。最初はなかなか思い出せないかもしれません。意識しなければ、その日のお昼に何を食べたのかさえ忘れているものです。しかし、時間をかけて思い出してみてください。

仕事の忙しさのなかでギスギスしていた神経がふっと緩んだこと、彼女とのデートが決まってウキウキしていた喜びが急に冷めたこと、愚痴と不満でいっぱいだった心がひときだけ忘れられたことなど、思い出せば必ず浮かんでくるはずです。

文章例

お昼前のオフィス内を、私はずかずかとハイヒールで床を踏み抜かんばかりに歩いていく。私はとても腹が立っている。せっかく私が出したアイデアを、上司が先輩へ持っていってしまったからだ。

頭にきたので、仕事を抜け出して早めのランチをしてやろうという算段だ。

いつも混んでいる洋食屋さんも、この時間であれば空いているはず。数量限定の絶品ハヤシライスを思い浮かべると、怒りが多少はまぎれて、ウキウキとした気分が湧いてくる。

予想に反して洋食屋さんは混んでいたけれど、思惑通り、絶品ハヤシライスを頼むことができた。これでさっきの出来事はチャラにしてやろう。なに、アイデアなどまた出せばいいのだ。数量限定のハヤシライスを待ちながら、怒りの阿修羅から慈悲の菩薩へ気持ちを変えることにした。

しかし、いつまで経《た》ってもハヤシライスが来ない。十分経ち、十五分が経過する。待ちきれなくなって店員さんに聞くと、なんとオーダーミスで私の注文が抜けていたらしい。しかも数量限定のハヤシライスはもうなくなってしまったらしい。

希望の絶頂から絶望のどん底へ落とされた。ひた謝る店員さんには悪いが、絶望に取りつかれた私は店を出た。もう何もかも嫌になった。午後は早退してやろうか。

と、店を出た直後、入ったばかりの新入社員が私に声をかけてきた。聞けば、仕事が立て込んで少し疲れているると言っているけれど、彼女の全身はフレッシュでやる気に満ちあふれていた。そんな彼女と話していると、つまらない意地を張っている自分がなんだか恥ずかしくなった。

「おいしい和食屋さんがあるから一緒に行こうか。おごるわ」
ありがとうございます！　と彼女が頭を下げる。
それはこっちのセリフだ。ささくれだった私に、やる気をくれてありがとう。

解説

仕事がうまくいかない悔しさが、数量限定絶品ハヤシライスによってまぎれますが、オーダーミスでまた落ち込み、最後には新入社員によってやる気を取り戻します。感情の変化を描くことで、文章が生き生きと動きのあるものになります。

感情の変化を描くには、気持ちの変化をしっかりと観察する必要があります。自分の気持ちを観察するのはなかなか難しいことですが、自分を見つめ直すことにもつながります。

一日のなかで、自分を振り返り、静かに思索する時間は大切です。この思索する時間があなたの人生を豊かなものに必ずしてくれます。

まとめ

①…感情の変化を描けば、文章が生き生きとする。
②…感情の変化を描くには、気持ちの観察をすること。
③…気持ちの観察をすれば、自分を見つめ直すことにもつながる。

芥川龍之介
トリビア⑰

芥川は音痴だった!?

芥川が結婚して鎌倉の大町に住んでいた頃、東京から甥《おい》や姪《めい》が遊びに来たそうです。妻の文は幼い甥や姪を相手に、童謡や唱歌をうたいました。

それを聴くうちに、芥川もめずらしく引き込まれてうたい出したそうです。

ところが、どうも調子がはずれていました。

芥川は「知らない童謡などに合わせたから調子がわからなかったのだ」と弁解したようですが、もしかすると音痴だったのかもしれません。

芥川の文章は知られていても声までは知られていませんが、文の話によると、長男の比呂志《ひろし》の声にもう少し、丸味を加えたような声だったそうです。

【参考文献】前出『追想　芥川龍之介』

33 複数の動作を入れる

学ぶ表現パターン　一足前へ出ると、不意に右の手を面皰《にきび》から離して、

『羅生門』のなかに、こんな文章がありました。

ポイント

そうして、一足前へ出ると、不意に右の手を面皰から離して、老婆の襟上《えりがみ》をつかみながら、嚙《か》みつくようにこう言った。

一文のなかに複数の動作が入っています。「一足前へ出る」「手を面皰から離す」「老婆の襟上をつかむ」「嚙みつくように言う」などです。一連のつながった動作を「実況中継」しているわけですが、一文で一気に書いてあると、まるで映画を観《み》ているような感覚になります。

しかし、素人《しろうと》がこのような表現を試すと、どうしても意味不明の読みづらい文章を作ってしまうものです。ですから、最初は単語を変える程度にして、徐々にオリジナルの文章を書くようにしてみましょう。

文章例

朝、カーテンを開けると、雲ひとつない空が目に入る。

飼い猫のアキが足下で**にゃあと鳴いて、大きなあくびをしながら、体を伸ばした。**

彼に餌《えさ》をやって、僕も朝ご飯。**パンを焼いて、ジャムをつけ、コーヒーとともに頬張る。**

朝は余裕がないから、片づけは帰ってきてから。流しに皿をおいて、洗面台へ向かう。

歯を磨いて、顔を洗って、髭《ひげ》を剃《そ》り、スーツに着替える。

玄関に出ると、アキが見送りに来てくれた。**鞄を持って、靴をはき、つま先でトントンと地面を叩《たた》く。**

さあ、準備は整った。今日も頑張って仕事をしよう。

いつものように見送ってくれるアキ、そしてすっきりと晴れ渡った空に感謝をして、僕は歩き出した。

解説

いつもの朝を描いています。何気《なにげ》ない、代わり映えのしない朝ですが、起きてから玄関を出るまでだけでも、しっかりと動作や心情を「実況中継」すると、たくさんのことを流れるようにこなしていることがわかります。

いつもは無意識のうちにやっていることを、注意深く観察し、「実況中継」してみましょう。読んでいて引き込まれるような文章ができあがります。

まとめ

①…無意識のうちにやっていることを注意深く観察してみる。
②…観察したことを「実況中継」し、複数の動作を一文で一気に書く。
③…一連の動作を一気に書くことで、読者を引き込む文章ができる。

34 意見が対立する構成

ポイント

『羅生門』は、下人の男と老婆の会話が中心の小説です。正義感の強い下人と、死人の髪の毛を抜く老婆の意見の対立で構成されています。餓死するような状況下では、多少の犯罪は許されるのか、それとも許されるべきではないのか、という議論です。

この二人の会話の議題が当時の時代状況にぴったりと合致していたことで読者の心をとらえました。また、この議題はエゴと倫理という普遍のテーマでもあります。

このように、簡単に結論が出ないテーマについての議論は読者の興味を強く引きます。

そうしたテーマを考え、対立する双方の意見を書いてみましょう。

たとえば、「会社勤めが嫌だから辞める」という意見と「嫌だからってすぐに辞めていたら、いつまでも人間的に成長できない」という意見の対立。親子でそんな会話をしたことがあったら、そのことを日記に書いてみてください。

その他にも、「お金持ちと結婚するのがいいのか、結婚相手はフィーリングで選ぶのがいいのか」というテーマや、「お金のために臓器を売るのはアリかナシか」など、友人と意見を交わし、それを書いてみてはいかがでしょうか？

文章例

「母さん、俺、会社辞めようと思うんだ」

「急にどうしたの？　会社を辞めてどうしようっていうのよ？」

「今の会社から独立して、フリーのカメラマンになる」

「フリーのカメラマンですって？　あんたもう三十なんだから、少しは現実を見なさい。収入がなくなったらどうするのよ？　あんたを養えるほど、ウチは裕福じゃないのよ？」

「心配いらないよ。頑張って世間に認められて、今以上に稼《かせ》いでみせるさ」

「偉そうに一丁前のことを言って。今の時代、会社員というステータスがどれだけ大事かわかってるの？　フリーになったら健康保険だって、年金だって心配でしょ。結婚だってできないかもしれないのよ？」

「そういうことに縛られているから、やりたいことができないんだよ。やり方次第で、フリーでも幸せをつかめるんだって証明してやるんだ」
「もう勝手にしなさい。でも、やるからには頑張るのよ」
「ありがとう、母さん」

解説

ここでは「会社を辞めてフリーになり、やりたい仕事をしたい」という自分の意見と、「会社に勤めて、安定した給料をもらいながら堅実に生きるほうが賢い」という母の意見が真っ向から対立しています。二つの反対意見が対立することで、お互いの考え方がどんどんと深掘りされていきます。

自分の意見を書くときはその反対意見と対立させて書いてみると、より自分の意見を深く書くことができたり、新たな考えが浮かんだりしてくるものです。

まとめ

①…自分の意見を書くときは、その反対意見と対立させて書いてみる。
②…意見を対立させることで、自分の意見を深く掘り下げることができる。
③…意見を対立させることで、新しい考え方を発見することができる。

第5章

『蜜柑』から学ぼう！

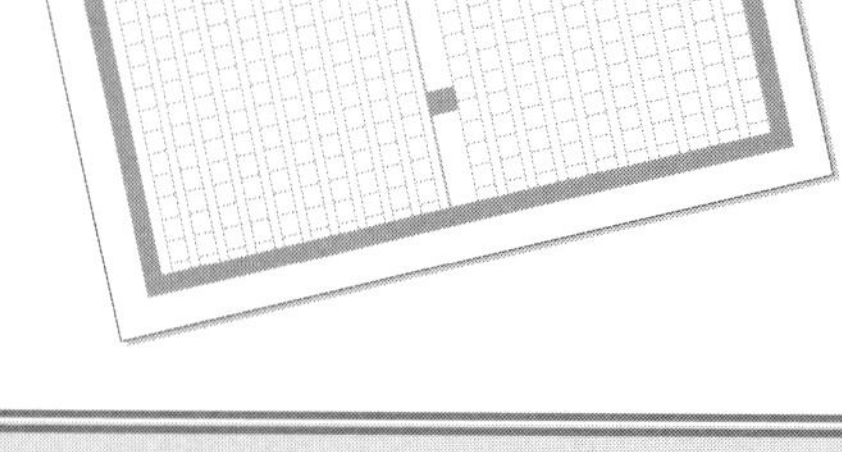

名作『蜜柑』のあらすじ

◎一九一九年発表

主人公の男はポケットに入った夕刊を見ようという元気さえ起こらないほど、疲労感と倦怠感《けんたいかん》に襲われながら発車の汽笛を待っていました。

すると、発車間際になって、二等室の戸ががらがらと開き、十三、四歳の小娘が男の前の席に腰を下ろしたのです。

油っ気のない髪、皸《ひび》だらけの両頬《ほほ》、垢《あか》じみた襟巻《えりまき》、いかにも田舎者らしい娘でした。その出《い》で立ちと不潔さに、男はすぐにその娘に嫌悪感を覚えます。それを少しでも忘れようと、男はポケットの夕刊を広げます。

しかし、夕刊には平凡な出来事ばかりで、男はなんだかこの退屈な人生の一切がくだらなく思えてきます。そして読みかけた新聞を放り投げてうつらうつらしはじめるのです。

数分ほどしたあと、娘は急に立ち上がり窓を開けます。すると間もなく、汽車はトンネルのなかへ。窓から流れ込んだ黒い煙が咳《せ》き込んでしまうほど車内に充満し、男はさらに娘に対しての嫌悪感を強くします。そして汽車はトンネルを抜け、貧しい町外れの踏切に差しかかるのでした。

ふと、男は踏切の柵の向こうに頬《ほお》の赤い三人の男の子が並んで立っていることに気づきます。三人は汽車を見ながら、こちらに向かって何か歓声を挙げているのです。するとその瞬間、窓から身を半分乗り出した少女が霜焼けの手を伸ばし、勢いよく左右に手を振りはじめました。そして汽車を見送った子どもたちの上に、蜜柑《みかん》を五つ六つばらまいたのです。なんと、その少女はわざわざ見送りにきた弟たちの労に答えたのでした。少女はこれから奉公に出る身だったのです。

その一部始終を目《ま》の当たりにした男は、なんだか朗らかな心持ちとなって、言いようのない疲労感と倦怠感、そして退屈な人生をわずかに忘れることができたのです。

名作『蜜柑』について

芥川龍之介の名作『蜜柑』は大正八年（一九一九年）五月、『新潮』に発表されました。『蜜柑』は一言で言えば、貧しい少女が見送りにきた弟たちに蜜柑をばらまいたという光景を見た男の話です。しかしこの短編小説『蜜柑』は多くの人々の心を打ちました。

なぜ、『蜜柑』は多くの人々を感動させたのでしょうか？

この作品が書かれた大正時代、ある哲学が日本に入ってきました。人間の存在価値を否定するニヒリズム（虚無主義）です。『蜜柑』に登場する男は、ニヒリズムの象徴です。そして貧しい娘はニヒリズムの対極にある家族愛を象徴する存在といえます。男はこの貧しい娘の家族愛に満ちた行動を目の当たりにして、疲労や倦怠感、そして退屈な人生を忘れるほど感動しているのです。つまり、奉公に出なければいけない貧しい少女と弟たちとの家族愛が、ニヒリズムに勝利した瞬間なのです。

芥川はこの『蜜柑』という作品を通して「人間には存在する価値があるんだ」と強く私たちに訴えかけているようにも思えます。その希望に満ちあふれた訴えに、私たちは感動せずにはいられないのでしょう。

現代社会の病巣《びょうそう》とも言われるニヒリズム。現代にも「自分には価値がない」と感じている人々が多いのが実情です。そのため自殺してしまう人も後を絶ちません。

「自分に価値がない」と嘆く人が増えている現代社会にこそ、この作品は読まれるべきなのかもしれません。

35 具体的な地名を入れる

学ぶ表現パターン　横須賀発上り二等客車

ポイント

文章に具体的な情報を入れましょう。小説にかぎらず、エッセイやコラム、ビジネス文書などさまざまな文章で、具体的な情報を入れることは重要です。プロのライターや小説家などは、たった一行の具体的な情報を手に入れるためにお金と時間を使って取材するのです。

５Ｗ１Ｈの「いつ」「どこで」を具体的に書いてみましょう。具体的な情報を文章のなかに入れる第一歩は「どこで」を入れてみることです。今日書く日記に具体的な地名を入れてみてください。

具体的な数字も重要です。「たくさん笑った」と書くだけでは、ちっとも伝わりません。「三時間笑い続けた」と、具体的な数字が入っていると、たしかにたくさん笑ったんだなということが理解できます。

文章例

午後五時五十五分、東京駅。二十三番線ホームには、東北新幹線はやてが停《と》まっている。両手には会社を出るときにもらった花束と、プレゼントが入った紙袋。

僕は今日、八年間勤めた会社を辞め、実家の岩手に帰る。

大学を卒業してから、今の会社は三社目だ。一社目は一年、二社目は三年。どちらでも仕事ができるほうではなかった。これは僕のやるべき仕事じゃない。そう言い訳して、本当は仕事ができないことから逃げていた。三社目の会社では、ちゃんとしようと思った。

理不尽なこともたくさんあったけれど、頑張れば評価がついてきた。この八年間で、三回も会社から表彰を受けた。自信もついた。だからこそ、僕は会社を辞める決心ができた。実家に帰って、被災した親の会社を僕が盛り上げるのだ。

地元から東京に来て、十二年。辛《つら》いことばかりだった。何度も逃げ出したいと思ったけれど、たくさんのことを教えてくれた、この東京という街に向かって、僕は頭を下げた。

「ありがとうございました」

解説

冒頭で、語り手が「いつ」「どこ」にいるのかを具体的にしています。「どこで」を明確にすることで、場面を思い描くことができます。また、文章例中でも、彼が二回転職したことなど、具体的な数値で表しています。ただ「駅にいる」「転職をした」「表彰された」と書くよりも情報が具体的になり、彼がいつ、どこにいて、どんな人生を送ってきたのかが明確になります。

具体的な情報が入った文章は説得力が増し、読み手はその内容をはっきりと思い描くことができるようになります。

まとめ

①…「いつ」「どこで」を具体的に書く。
②…とくに「どこで」を書くことで、場面が明確になる。
③…具体的な数字を入れると説得力が増す。

36 人物を描写する

学ぶ表現パターン　それは油気のない髪を……

ポイント

『蜜柑』では、早い段階で重要な人物が登場します。貧しい娘です。主人公の視点で、その貧しい娘を人物描写しているのです。

それは油気のない髪をひっつめの銀杏《いちょう》返しに結って、横なでの痕のある皸《ひび》だらけの両頬を気持の悪いほど赤く火照《ほて》らせた、いかにも田舎者らしい娘だった。しかも垢《あか》じみた萌黄《もえぎ》色《いろ》の毛糸の襟巻がだらりと垂れ下った膝の上には、大きな風呂敷包みがあった。そのまた包みを抱いた霜焼けの手の中には、三等の赤切符が大事そうにしっかり握られていた。私はこの小娘の下品な顔だちを好まなかった。それから彼女の服装が不潔なのもやはり不快だった。最後にその二等と三等との区別さえも弁《わきま》えない愚鈍な心が腹立たしかった。

人物描写をするときのポイントがいくつかあります。

①視点は順々に

髪型の描写からはじまって、ひびだらけの頬、霜焼けの手など、だんだんと視線を下にしながら描写していきます。もちろん、下から上へ描写しても構いません。とにかく、順々に描写していくことです。

②全体の印象を書く

「いかにも田舎者らしい娘だった」という一言があるおかげで、娘の全体像がグッと浮かんできます。

③その人物に対する感想を入れる

「下品な顔だちを好まなかった」「不潔な服装が不快だった」「愚鈍な心が腹立たしかった」と娘に対する主人公の感想が入っています。

人物描写するときは、この三点を意識して書くようにしてみてください。

文章例

電車のなかで僕はふと目を覚ました。窓から差し込む太陽光が眩《まぶ》しかった。ドアに一番近い席に座っていたせいか、顔を上げると自然と電光掲示板が目に入った。

次はさいたま新都心らしい。

まだ最寄り駅に至っていないことを確認すると、僕はふぅとため息をつき、あたりを見渡した。と、目の前で眠っていた女性に、僕は思わず目を奪われてしまった。

黒く艶《つや》やかな髪が女性の両頬を伝いまっすぐ肩に落ちている。そして顔の中心で分けられた前髪からは、きれいに整えられたアーチ状の眉《まゆ》と閉じた瞳がひょっこりとのぞいていた。きめ細かく磨き上げられた木材のように、なめらかな両頬と顔の中心にスっと伸びた鼻。そしてその下には、細くそれでいてふっくらと肉感のある唇に桃色のルージュを光らせていた。非の打ち所がない、一級美術彫刻のような女性であった。

しかも、白いブラウスを第二ボタンまで開け、そこから銀色のネックレスがキラキラと光っているのが見えた。丁寧《ていねい》に二つ折りにしたグレーのジャケットを膝元に置き、スカートからほっそりとした足が斜めに伸びている。

なんと洗練された出で立ちであろうかと、僕の心は躍った。こんな女性は今まで三十年生きてきて、見たことがない。

「あぁ今日はなんていい日なんだ」

少しの時間ではあったが、こんなに胸を熱くさせてくれた女性との出会いに、僕は心から感謝した。ありがとう。

解説

電車のなかやすれ違いざまに、「なんだこの人は」と思ってしまうほどきれいな女性、またはカッコいい男性を、誰もが一度は見たことがあると思います。日記ですから、そんな思わぬ出会いについても書いていいわけです。自由ですから。

まず髪の描写からはじまり、上から下に向かって描写をしていきます。そして「一級美術彫刻のような女性であった」とあるように、全体の印象を書いていきます。そして最後には「なんと洗練された～なんていい日なんだ」と自分自身の感想を書いていきます。

まとめ

①…人物描写をするときは順に描写していく。
②…まず全体の印象を書く。
③…最後に、人物を見てどう思ったのか感想を書く。

37 光の変化を描写する

学ぶ表現パターン 外光が、突然電燈の光に変って

ポイント

『蜜柑』では、光の変化が描写されていますが、それにならって、光が変わる瞬間を見逃さず、「実況中継」してみましょう。

風に吹かれた雲が移動して急に太陽が顔を出したときとか、ビルの外から内へ入ったときとか、街灯が点灯した瞬間とか、一日のうちに光の変化を体験することは案外あるものです。たった一行でもいいので、そのときのことを「実況中継」してください。

なお、『蜜柑』では最後に主人公の心境がガラリと変化しますが、おそらく芥川は、その感情の変化をこうした光の変化によって暗示させていたのでしょう。さすが文豪ですね。

文章例

地下鉄の出口へと続く階段を上っていく。会社を出た途端に降り出した土砂降りの雨のせいか、空気がジメッとしていた。それに加え、天井の蛍光灯が切れていて、暗くどんよりとした雰囲気が気持ち悪かった。

いかんいかん、一刻も早く行かなきゃ。その思いが僕の背中を強く押す。僕は薄暗い階

段を一段飛ばしで駆け上がっていった。と、ヴヴヴと携帯電話のバイブレーションが鳴る。病院にいる妻の美里からだった。

何かあったのかもしれない、と僕は慌《あわ》てて携帯を耳にあてた。

「あ、急にすみません。吉岡美里さんの旦那様でしょうか？」

声の主は美里ではなかった。おそらく担当の看護師であろう声に、もしかしたら、と僕は急に不安に駆られた。

「え……はい、そうです。美里は、吉岡美里は無事なんでしょうか？」。そのまま息をするのも忘れ返事を待った。無事であってくれ、と心のなかでそう何度もつぶやく。

「ええ、大丈夫ですよ。安心してください。おめでとうございます。たった今、元気な男の子が生まれましたよ」

「そ、そうですか。よかった……」。安心して僕は止めていた息をハァと吐いた。そして受話器を耳にあてたまま、地下鉄の出口を出た。

すると会社を出たときの雨がまるで嘘《うそ》だったかのように、空を覆っていた灰色の雲は跡形もなく消えていた。そして一面真っ青に染まった空から降り注ぐ陽光が、街路樹の葉の雫《しずく》にあたってキラキラと光り輝いているのが見えた。あたりは三十分前とは見違えるように明るくさわやかな陽気となっていたのだった。

「本当にありがとうございました。すぐに伺います」

僕は電話を切り、病院に向かって走り出した。

「あぁ、無事に生まれてよかった。美里も本当によく頑張ったなぁ、ありがとう」

僕は走りながら心の底からそう思った。ありがとう。ありがとう。

解説

ここでは、蛍光灯の切れた地下鉄の階段の暗さと、出口から出たときの空が晴れわたる様子で、光の変化を描いています。また、主人公の不安な気持ちが「元気な男の子が生まれましたよ」という一言で瞬《またた》く間に吹き飛びます。地下鉄の出口の暗さが主人公の不安を暗示し、雨が止《や》み、晴れわたる景色が主人公の喜びを表現しているのです。

主人公の感情の変化も光の変化で暗示させることで、より印象的になります。

まとめ

①…一行でも光の変化を文章に入れてみる。
②…光の変化を入れることで、読み手にとってより印象的な描写となる。
③…光の変化で主人公の心境の変化を暗示させる。

芥川龍之介トリビア⑱

芥川の大好物は鰤の照り焼き！

芥川は鰤《ぶり》の照り焼きが大好物で、「それさえあれば他には何もいらない」というほどだったそうです。刺身《さしみ》よりも、庶民的な照り焼きのほうを好んだようです。

鰤は、出世魚ですが、関東と関西では呼び名が違います。関東では「ワカシ」「イナダ」「ワラサ」「ブリ」と大きさによって呼び名が変わります。関西では「ワカナ」「ツバス」「ハマチ」「メジロ」「ブリ」と変わっていくのです。

脂《あぶら》が乗る冬が旬《しゅん》で「寒《かん》ブリ」といって食通に愛されている魚です。

芥川家は質素で、一汁一菜式の食生活だったそうですが、たまに寒ブリの照り焼きが出たのでしょう。

【参考文献】前出『追想　芥川龍之介』

38 風景やモノを象徴として描写する

学ぶ表現パターン

退屈な人生の象徴でなくて何であろう。

ポイント

『蜜柑』には、こんな一文があります。

この隧道《トンネル》の中の汽車と、この田舎者の小娘と、そうしてまたこの平凡な記事に埋っている夕刊と、――これが象徴でなくて何であろう。不可解な、下等な、退屈な人生の象徴でなくて何であろう。

つまり、「トンネルの中の汽車」「不快な思いをさせる貧しい娘」「平凡な記事で埋まっている夕刊」が、退屈な人生の象徴だというのです。このように風景やモノを象徴だと表現することで、よりいっそう主人公の感情が読者に伝わります。

とくにこの言い回しを覚えておいてください。

○○○と、○○○と、○○○と。これが象徴でなくてなんであろう。○○○○○な人生の象徴でなくてなんであろう。

一度、この○○○に言葉を当てはめて日記を書いてみてください。

文章例

目を閉じると、春の暖かい光が軒先に降り注いでいるのが見える。膝もとには飼いネコのタマ、隣では妻がうたた寝をしている。庭先には満開に咲いた桜、木のたもとでは孫たちが遊んでいる。

「そんなところで寝てると、風邪ひくよ」

息子が私たちを見てそんなことを言う。嫁が持ってきた毛布を妻と私に手渡す。

私のそばの妻と飼いネコ、満開の桜、その下で笑っている息子たち。これが象徴でなくてなんであろう。穏やかで、幸せな人生の象徴でなくてなんであろう。

今となっては体も満足に動かず、なんの取り柄もない年寄りに寄り添ってくれる家族たちに、私は感謝をしてもしきれない。私の人生に幸せをくれてありがとう。

解説

春の陽ざし、満開の桜、そして笑っている家族たち。これらの言葉から、幸せな風景が浮かんできますよね。これらは幸せの象徴なのです。

反対に、退屈、悲しみ、苦悩をイメージしたとき、そこで思い浮かぶ風景はどんなものでしょうか。それこそが、ネガティブ感情の象徴です。

心に浮かんだ風景を「実況中継」することで、ただ「幸せだ」「退屈だ」「悲しい」と書くよりも、感情が読者に伝わります。幸せなとき、うれしいとき、悲しいとき……。そのときに浮かんだ景色や、その場面に何があるのかを書いてみましょう。

まとめ

①…それぞれの感情とともに、思い浮かんできた風景やモノを見つめてみる。
②…その風景やモノを、その感情の象徴として書いてみる。
③…「ポイント」に挙げた例文の○○に言葉を入れて書く。

芥川龍之介トリビア⑲

とろろが嫌いな芥川

芥川家では神仏の信仰を堅苦しく考えておらず、元旦に若水を汲《く》んで神様に供えたり、神棚を拝むことを強制したりはしませんでした。

お正月三箇日の雑煮については、几帳面な養父が物差しで計って切った餅を焼かないで湯煮にしました。そして、四日の朝は「とろろ」を食べたといいます。

妻・文の話によると、

「風邪をひかないようにといって食べるのですが、主人はとろろが嫌いで、決して食べませんでした」

というのです。

どうやら食わず嫌いのようです。芥川らしい理由ですが、食べ物には好き嫌いがあまりない芥川にはめずらしいエピソードです。

【参考文献】前出『追想　芥川龍之介』

39 謎を入れる

学ぶ表現パターン その理由が私には呑《の》みこめなかった。

ポイント 謎めいた書き方をすることです。文章のなかに謎があると、読者の好奇心が刺激されて、次が読みたくなります。謎を上手に入れることです。

私の文章スクールでも、謎を入れる文章テクニックはかなり重点をおいて教えています。ポイントは主人公が疑問を抱くことです。主人公が疑問に思わないかぎり、読者は謎に気づくこともなくスルーしてしまいます。謎を仕掛けても、それでは意味がありません。

『蜜柑』では貧しい娘が汽車の窓を開けようとします。重くてなかなか開かないのですが、娘は決してあきらめません。そこで、主人公はなぜ娘がそうまでして窓を開けようとするのか考えるのですが、「その理由が私には呑みこめなかった」と書いています。さらに、芥川はそれだけで済ませずに、憶測《おくそく》を入れています。「小娘の気まぐれだとしか考えられなかった」と。

そのうえ、以後の文章で、娘が窓を開けようとしていることを「実況中継」します。つまり、理由のわからない行為に注目するのです。そのことによって、読者は主人公と一緒になって、娘の行動の理由を考えるようになります。

謎めいた書き方のポイントをまとめると次の三つになります。

①主人公が疑問に思う。

②憶測を入れる。

③そのことに注目する。

文章例

吉祥寺《きちじょうじ》の駅前を歩いていると、反対側から妙な男が歩いてきた。きれいに剃《そ》られた坊主頭に、黒縁メガネ。黒い袈裟《けさ》をまとい、直足袋《じかたび》をはいているところを見ると、どうやらお坊さんのようである。しかし普通のお坊さんとは明らかに何かが違う。

なんと、そのお坊さんは黒いギターケースを背負い、片手にはよくバンドマンが持っているようなハードケースを持っていたのだ。

お経もギターで弾き語る時代になってきたのだろうか？　それとも、お坊さんの衣装を身にまとっただけのバンドマンだろうか？　いやいや、ギターが趣味のお坊さんだっているかもしれない。お経を挙げた帰りにバンドの練習をしていただけではなかろうか？

考えれば考えるほど、彼が何者なのかがわからなくなってきた。僕は我慢できずにお坊さんの肩を叩《たた》き、直接聞いてみた。

「あなたはなぜ、お坊さんの姿でギターを持っているのですか？」

彼は一瞬、えっと驚いた表情をしたが、すぐに柔らかい笑顔でこう答えた。

「さっき近くの老人ホームでお説法の弾き語りをしてきた帰りなんですよ」

「お説法の弾き語り？」

「そうです。お寺ってどうしても堅苦しかったり、お墓やお葬式といった死のイメージが強いじゃないですか。もっとお寺を身近に感じてもらいたくてね。地域交流の意味も含めて、琵琶法師《びわほうし》のようにギターを弾きながらお説法をして回っているんですよ。最近では老人ホームだけでなく幼稚園なんかにも呼ばれたりするんですよ」

なるほど、胸にあったモヤモヤが晴れて、なんだかすっきりした気分になった。

「そうですか、頑張ってください。ありがとうございます」

僕は去っていくお坊さんの後ろ姿を見ながら、こういう人もいるんだなぁ、世の中っておもしろいなぁ、とつい手のしわとしわを合わせてしまった。僕はこのお坊さんとの出会いに感謝した。

解説

この文章は、先に述べた三つのポイントを使って書かれています。まず主人公はギターを背負う奇妙なお坊さんに対して「なぜお坊さんが似つかわしくないギターを持っているのだろうか？」と疑問を抱きます。そしてその疑問に対して、「お経もギターで弾き語る時代になってきたのだろうか？」などと憶測を並べているのです。さらには、お坊さんの様子、ここでは出で立ちに注目し、それをこと細かに描写しています。

この文章例のように、主人公が疑問を持ち、憶測し、そのありのままを描写する。これを意識して書くだけで、読み手の好奇心をくすぐり、最後まで読ませる文章となるのです。

まとめ

①…主人公が疑問を抱く。
②…疑問に対しての憶測を書く。
③…疑問を持ったものに注目し、細かく描写していく。

40 勘違いを入れる

学ぶ表現パターン　小娘の気まぐれだとしか考えられなかった。

ポイント

謎めいた書き方をするポイントとして「憶測を入れる」と言いました。その憶測は勘違いのほうが望ましいでしょう。

『蜜柑』では主人公が貧しい娘のことを勘違いして、不快に思う場面が描かれています。そして、結果的にこの勘違いがラストシーンを感動的なものにします。

つまり、勘違いは感動にも通じるのです。

文章例

会社帰りの繁華街で、部長が若い女と歩いているのを目撃した。派手ではないがキレイ目の女を連れて、ハゲでデブでいつも嫌みな部長が、鼻の下を伸ばしてデレデレしている。女のほうも楽しそうにしているが、営業トークか何かに違いない。

これは、俗に言う「いけない関係」というやつだろう。ここはひとつ、後をつけて、部長の弱みを握ってやろう。居酒屋に入るらしい。さては、まずは一杯、ということか。

と、店の前で不覚にも部長に気づかれてしまった。部長も私を見て、気まずい顔をしている。女が私に声をかけてきた。

「あれ、もしかして父の会社の方ですか？　いつも父がお世話になっています」

なんと、若い女は部長の娘さんだった。私は勘違いで恥ずかしいやら、尾行がばれてしまって気まずいやらで、アタフタしながらどうにか言葉を返した。

「いつも部長には大変お世話になっています。部長には感謝しております」

解説

嫌いな上司が若い女性を連れて歩いているのを、「いけない関係」だと勘違いしてしまうも、じつは二人は親子だったというオチです。勘違いを作るときは「○○かもしれない」ではなく「○○に違いない」と、より強い憶測＝思い込みにしたほうが、それが間違いだとわかったときのギャップになります。

勘違いの体験をしたら、その日は、必ず日記に書いておきましょう。

まとめ

①…勘違いを作るには憶測を利用する。
②…より強い憶測＝思い込みをしっかりと具体的に書く。
③…それが勘違いだとわかったときのギャップが、文章をおもしろくする。

41 緊張感を入れる

学ぶ表現パターン **頭ごなしに叱りつけてでも**

物語のピークでは緊張感をマックスにします。『蜜柑』の娘は汽車の窓を開けるのですが、ちょうどそのとき汽車はトンネルに入ります。現代では考えられませんが、当時の汽車はモウモウと煙を吐いて進みますので、トンネルで窓を開けると、その煙が車内に入ってしまいます。主人公はその煙に咳き込みながら、娘の無神経な行為に我慢できない思いでいるわけです。「頭ごなしに叱りつけてでも」窓をしめさせようと怒りに震える主人公のネガティブな感情を記述することで、物語の緊張がマックスになっています。そのうえで、その緊張を一気に緩和《かんわ》することで、読者を引き込んでいきます。

ポイント

①ネガティブな感情で緊張させる。
②緊張をマックスにする。
③最後に緊張を一気に緩和する。

この三つのポイントを押さえて文章を書くと、おもしろい物語になります。

文章例

渋谷駅で電車が停まる。すると、開いたドアから杖《つえ》をついたおばあさんがゆっくりと乗り込んできた。あたりを見渡すが、空いている席はない。僕は何だか強い使命感に駆られ、おばあさんに席を譲ろうと席を立った。

「よかったら、どうぞ」

僕がそう言うと、おばあさんはにっこりと笑い小さく頭を下げながら席にゆっくりと向かってきた。そのときである、発車ギリギリに勢いよく乗り込んできた若者が、その席に素早く座ったのだ。

僕は一瞬目の前で起きたことが理解できなかった。おばあさんは若者がその席に座ったことに気づくと、僕のほうを向いて、「いいのよ、いいのよ、ありがとうね」とまたにっこり笑い、ドア横の手すりにつかまった。

「なんて無神経なやつだ」

僕は思わず拳《こぶし》を握った。

「お前みたいなやつがいるから若者がバカにされるんだ」

僕は我慢できず、握った拳を振り上げ、男につかみかかろうとした。

そのときである。その若者が急に席を立ち、斜め前の手すりにつかまっていたおばあさんの肩を叩いたのだ。

「よかったら、どうぞ座ってください」

無愛想《ぶあいそう》に淡々とそう言って若者は別の車両に移っていった。僕は目を丸くした。なんということだろうか、その若者はおばあさんに席を譲ったのだ。

僕はそのとき一切を理解した。若者はヘッドホンをしていた。きっとおばあさんに気づかず空いた席に座っただけだったのだ。その証拠に若者はおばあさんに気づくとすぐに席を譲った。僕はその善良な心を持った若者を疑い、しかも殴りかかろうとしてしまった。そんな自分を恥じ、振り上げた拳でつり革をつかんだ。

僕は何だか打ちのめされた心持ちで、おばあさんのほうをもう一度見た。すると、おばあさんはまたにっこりと笑って頭を下げたのだった。僕も少し笑いながら簡単に会釈《えしゃく》をした。そのとき、なぜか僕はそのおばあさんに向かって、心のなかで「ありがとう」とつぶやいていた。なぜそうつぶやいたのかはわからない。でも、そうつぶやかずにはいられなかったのだった。

解説

怒りの感情が主人公のなかでどんどんとふくれ上がり、ついにその感情が爆発。失礼な若者に殴りかかろうと拳を勢いよく振り上げるシーンが描かれています。この先どうなるのか？　手に汗握る展開ですよね。ここで緊張感はマックスに達します。

ところが、次の場面で、頂点まで高まった緊張感が一気に緩和されます。席に座った無神経な若者がおばあさんに席を譲るのです。その光景を見て、若者がおばあさんに気づかずに席に座っただけだったことを知り、主人公は自分の勘違いを恥じて、振り上げた拳でつり革をつかむのでした。

このように前述した三つのポイントを意識して書くだけで、物語のようなおもしろい展開の文章を書くことができます。

まとめ

①…ネガティブな感情を徐々にふくらませていく。
②…ネガティブな感情を爆発させ、行動を起こそうとする。
③…ネガティブな感情を一気に緩和させる。

42 気持ちの変化を入れる

学ぶ表現パターン　朗《ほがら》かな心もちが湧き上って来るのを意識した。

ポイント

『蜜柑』の主人公は、小娘に対して不快な思いを抱いていましたが、弟たちへ蜜柑を投げる行為を目撃したあと、その心境に変化が訪れます。

こうした気持ちの変化を見逃さず書くようにすると、読者はあなたの文章にのめり込んでくれます。いわゆる感情移入というものです。

ここでは、「心もちが湧き上がってくるのを意識した」という表現をマネてみましょう。ポイントは、前半部分でネガティブな感情を書くことです。そして、後半にこの言い回しを入れてポジティブな感情が湧き上がってきたことを記述してみましょう。

文章例

「いつも仕事仕事って、お父さんなんて大っ嫌い」

急に仕事が入り、授業参観に来られなくなった父に向かって、私はそう叫んだ。

授業中も何度も後ろを振り返り、立っている父親たちを見渡した。しかし、やはりお父さんの姿を見つけられずに授業が終わった。

「きっとお父さんは私のことなんてどうでもいいと思ってるんだ」

帰り道、チェッと道端の石ころを蹴りながら歩いていると、荒々しい怒鳴り声が聞こえてきた。どうやらすぐそこの工事現場からだった。

恐る恐る工事現場をのぞいてみると、そこには怖い顔で怒鳴り散らす男性と、何度も何度も深く頭を下げるおじさんの姿があった。

その顔を見て、私は目を丸くした。一番前で一番深く頭を下げているのは紛《まぎ》れもない私のお父さんだったのだ。

何を言っているのかはわからなかったが、普段は無口で頑固なのに、必死に頭を下げ、謝っている父親の姿を見て、なんだか今までお腹《なか》のなかにたまっていたモヤモヤがすっと晴れたような、**なんだか暖かい心もちが湧き上がってくるのを意識した。**

「お父さん私たちのためにこんなに頑張ってくれているんだ。いつもありがとう。さっきはあんなこと言ってごめんね」

お父さんが帰ってきたら、今日どんな授業だったかを話してあげよう。私はそう思いながら、そっと来た道を戻り、そして遠回りをして家に帰っていった。

解説

前半では、仕事のため、約束していた父親参観に来られなくなった父親に対して、主人公は「お父さんは私のことなんてどうでもいいと思っているんだ」とネガティブな感情を募らせています。しかし、普段無口で頑固な父親が必死に仕事をしている姿を目《ま》の当たりにして、「お父さんは、私たちのためにこんなに頑張ってくれているんだ」とポジティブな心境に変化しています。このように心境の変化を入れると感情移入できる文章になるのです。

ちなみに、この例文は文章スクールの受講生が小さい頃の思い出を書いてくれました。

まとめ

①…前半部分ではネガティブな心境を書く。
②…後半部分ではポジティブな心境への変化を書く。
③…心境の変化を書くことで、読み手が感情移入しやすい文章になる。

芥川龍之介トリビア⑳

犬嫌いの芥川

芥川は犬嫌いで、道で犬に出会いそうになると、わざわざ、角を曲がって犬から逃げていたそうです。「犬と目を合わすのが嫌いだ」とも言っていました。

数百メートル先からでも犬の気配を察したというのですから、相当犬を嫌がっていたことがうかがえます。神経の細かい芥川にとって、かわいいという気持ちよりも、動物は恐ろしいという感情が先立っていたのかもしれません。

一方、同じ動物でも猫は平気だったようです。

泉鏡花も谷崎潤一郎も犬嫌いで有名ですが、文豪は犬が苦手なのでしょうか。

【参考文献】前出『追想　芥川龍之介』

43 不快に思っていたものが純粋だったという構成

ポイント

『蜜柑』が感動を誘うのは、不快な気持ちが朗らかに変化するからです。そこには「勘違いのテクニック」が使われています。さらに、「緊張と緩和のテクニック」や「謎のテクニック」など、何層にも文章テクニックを駆使《くし》して、読者を感動させようとする文豪・芥川の計算がそこにはあったのです。

あらためて勘違いのテクニックの構成をまとめると次のようになります。

①ネガティブな感情を引き出す存在が登場する。
②その存在が思いがけない行動をする。
③ポジティブな感情が湧き出る。

文章例

僕は上司が大嫌いだ。嫌みで根暗《ねくら》でおまけに、しつこい。

仕事に取り掛かろうとすると「その仕事には何の意味がある?」と問い、仕事をしている最中も「それをやったらどうなる?」といちいち口を出し、仕事が終わったら終わったで、「うまくいかなかったことはなんだ? なぜうまくいかなかった?」と、最初から最後までネチネチと問いただしてくる、本当に嫌な上司なのだ。毎朝会社に行くのが嫌でたまらなかった。

三年経《た》って、僕は社内の重要なプロジェクトを任された。上司は何も口を出してこなかった。辛かったけど頑張って、プロジェクトは成功した。報告書を作って、上司に持っていった。いつものように嫌みを言ってくるだろう。くるならこい。

「よくやった。さすがだな。もう私が教えることはない」

彼は報告書に目を通すと、それだけ言った。彼が僕をほめたのは初めてだった。

一カ月後、彼は会社を退職した。家庭の事情だったらしい。

彼が僕に目を掛けていてくれたことを、新しい上司から聞いた。僕に見込みがあるからあえて厳しく接していた、と。僕が成長してくれれば自分は憎まれても構わなかった、と。

屋上に上がった。確か、もうすぐ彼の乗る飛行機が出発する時間だ。

僕は空港の方向へ体を向けて、空を見上げた。

ありがとうございました。

僕は空に向かって、大きく頭を下げた。

解説

例文では、自分にネチネチと文句をつけてくる上司が、じつは自分のことを育てるために、あえて憎まれ役に徹していた、という構成になっています。

書き手は最初、「上司は嫌なやつ」と「勘違い」をしています。ですが、じつは彼は自分に目を掛けていてくれたことを聞かされます。初めは「嫌な上司」と読み手を緊張させ、最後は「目を掛けてくれていた上司」と緩和しています。このテクニックを使うことで、読み手はジェットコースターに乗っているように心が動くのです。

まとめ

①…初めにネガティブな勘違いを入れることで、読み手を緊張させる。
②…勘違いしていたことを知って、緊張の緩和が起こる。
③…ネガティブからポジティブへ移行することで、読み手の心は大きく動く。

第6章

『鼻』から学ぼう！

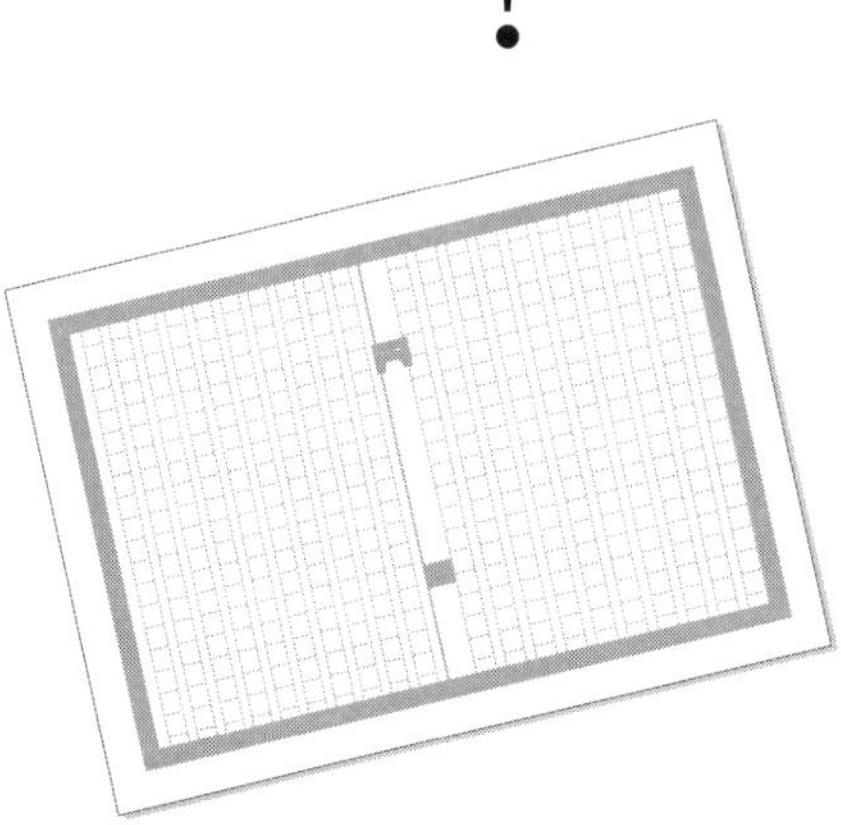

名作『鼻』のあらすじ

◎一九一六年発表

禅智内供《ぜんちないぐ》という高僧は、鼻が大きいことで有名でした。その鼻の長さは十五〜十八センチもあって、上唇の上から顎《あご》の下まで、まるで細い腸詰めのようなものがぶらりとぶら下がっている、そんな滑稽《こっけい》な鼻だったのです。

人々はこれをからかい、そして噂《うわさ》し合いました。内供はさも気にしない素振りをみせながらも、内心では自尊心を傷つけられ悩んでいたのでした。

内供は鼻を短く見せようとしたり、同じような鼻の持ち主を探したり、仏教のみならず、仏教以外の文献からも自分と同じような鼻を持つ人物を探したり、鼻が短くなる方法を試したりしました。しかし、どれも満足のいく成果を得ることはできませんでした。

そんなときです。京都から長い鼻を短くする方法を教わってきた弟子が帰ってきます。その方法とは、お湯で鼻を茹《ゆ》でて、その鼻を人に踏ませるというものでした。内供は早速その方法を試みます。すると、内供の鼻は短くなったのでした。内供はこれで人に笑われなくて済むと思いました。

しかし、人々はその短くなった内供の鼻を以前より、一層笑うようになったのです。

「他人の不幸には同情するが、その人が不幸を乗り越えたとき、もう一度その人を不幸に陥《おとしい》れてやりたいと思う。そしていつの間にかその人に対してある敵意を抱くようになる」

内供は、そんな人々の利己主義にそれとなく気づき不機嫌になっていきます。そしてあの大きな鼻を懐かしみ、さらには短くなった鼻を恨むまでになるのです。

ある夜、内供は鼻がむず痒《がゆ》く、熱をもっていることに気づきます。

翌朝、内供が目を覚ますと、なんと彼の鼻は昔の大きな鼻に戻っていたのです。内供はこれを喜び、これでもう笑われることはないと思うのでした。

名作『鼻』について

名作『鼻』は大正五年（一九一六年）、『新思潮』の創刊号で発表されました。夏目漱石に絶賛された初期の短編小説です。自分らしく生きるとはどういうことか、あるいは、個性とは何かを考えさせられる作品です。

人間は他の人と違うことを恥ずかしいと思ってしまいます。恥ずかしいという感情は、仲間外れにされてしまうのではないか？　という恐れの裏返しともいえます。

小説のなかで禅智内供は「他人と同じでありたい」と願い、鼻を小さくしますが、そのことでさらに悩み、結局は「人間はありのままが一番自然なのだ」という教訓的な結論に至ったところで、この作品は終わります。

また、別の角度から作品に光を当てると、当時の日本が欧米列強と同じような一等国になろうと必死になっていたことを皮肉っているようにも思えます。

欧米諸国と同じことをしようとする日本のあり方について、「あぁ人間とは何と愚かであろうか？」と、そんな芥川の声が聞こえてきそうな気がします。

44 核心から書きはじめる

学ぶ表現パターン　禅智内供の鼻といえば

ポイント

書き出しのテクニックにはいろいろあります。疑問文やセリフで書きはじめるというテクニックもあれば、超短文で書きはじめるというテクニックもあります。

そのなかのひとつが、核心から書きはじめるというものです。

小説『鼻』は、禅智内供という高僧の鼻について書いたものです。芥川は、その核心を書き出しでいきなり書いています。

多くの小説は、まずは風景描写を書いて、それからおもむろに主人公を登場させ、そして核心となるキーワードを書いていきます。そのような手順を踏んでいる作品がほとんどでしょう。

ところが『鼻』は核心から書いています。核心を書いて、一瞬で読者の心をつかみ、一気に最後まで読ませてしまうのです。まるでジェットコースターにでも乗ったようなスピード感が『鼻』にはあります。

核心から書くというテクニックを一度日記で使ってみてください。

文章例

ラーメン屋「どん」といえば、行列ができる店として有名である。

店の主人はラーメン一筋二十年。極端な職人気質《かたぎ》で、お品書きはラーメンのみという徹底ぶりだ。主人が日本中を回って厳選した醤油《しょうゆ》を使い、わずかに残ったアクさえも取り除きながら、じっくり二十時間煮込まれたスープは絶品である。

待つこと二時間。ついに店に入ることができた。

出てきたラーメンは瑠璃色《るりいろ》をしたスープにホウレンソウとチャーシュー、そして長ネギがのっているだけの、とてもシンプルなものであった。しかし、スープは底が見えるほど透き通っていて、まるで琥珀《こはく》のようにキラキラと表面が光り輝いている。

僕はまずレンゲを使ってゆっくりとスープを口に運んだ。口に入れた瞬間、醤油の香《こう》ばしい香りが口いっぱいに広がり、僕はそれをゆっくりと舌で味わった。

「う、うまい。こんなにうまいスープは今まで飲んだことがない」。僕は心のなかでそうつぶやいた。僕は一気にラーメンを平らげ、スープは一滴残らず飲み干した。

「こんなうまいラーメンが食えるなんて。本当に感謝だ。本当にありがとう」

僕は思わずそう言いながら店を後にした。店の主人は小さくうなずいたが表情はまったく変えなかった。さすがは職人である。

解説

この話の核心はラーメン屋「どん」についてですから、まずそれがどんなラーメン屋なのかを最初に書いて、読み手に情報をインプットしています。話の核心を最初に書いてしまうことで「この先が読みたい」と読者に思わせることができるのです。

そこから自分のラーメンを食べた体験談へと続いていくのですが、最初に核心である情報を書いたことで話の筋が理解しやすくなり、読み手に、よりリアルに伝わるようになるのです。

まとめ

①…核心を最初に書くことで、読み手を引きつける文章になる。
②…核心を最初に書くことで、その後の話や出来事を理解しやすくなる。
③…話や出来事を理解しやすくなることで、出来事の情景がリアルに伝わる。

45 問題提起をする

学ぶ表現パターン　この鼻を苦に病んで来た。

ポイント

前項の「核心から書きはじめる」と似たポイントとして、最初に「問題提起をする」があります。小説にかぎらず、レポートや論文などでも、最初に問題提起されていると、文章のテーマを読者に伝えることができます。そのことで、読者も安心して読めますし、続きを読みたいという期待感を持つことができるのです。

文章例

新卒で入った会社の一室で僕は途方に暮れていた。技術系の職種で希望を出していたのに、僕は営業部に配属されることになった。

なんということだろう。僕は人見知りだし、話をするのも得意じゃないし、押しだって強くもない。営業なんかできっこない。どうしよう。

配属先に行くと、みんなが僕を歓迎してくれた。でも、僕が営業にまったく向いていなくて、ぜんぜん仕事ができないとわかったら、どんな顔をされるんだろう。

上司になる人に挨拶《あいさつ》に行くと、上司は一人の先輩を呼んだ。僕の世話をしてくれるらしい。その人は、僕より五歳くらい上。ぱっと見、大人《おとな》しそうで、社交的なイメージはない。僕が思っていた「営業」っぽくない人で、どちらかというと研究でもしていそうだ。

「心配しなくていいよ」

その人は、僕の心を見透かしたようにそう言った。

「人見知りでも、話をするのが苦手でも、営業の仕事はできる。むしろ、そういう人のほうがお客さんに信頼される」

本当かよ、と余計心配になる。すると、さらに僕の心を読んだみたいに上司が言った。

「本当だ。そいつはこう見えて、うちの部のエースだ」

え？　と思わず先輩の顔を見てしまう。

「大丈夫だよ」

先輩がにっこりと微笑《ほほえ》んだ。その微笑みに、僕の心配が少しだけ軽くなった。

たぶん、ビビりまくりの僕に、みんな気をつかってくれているんだろう。でも、そういう気づかいがうれしかった。

ありがとうございます、というのはなぜか気恥ずかしかったから、「よろしくお願いします」、そう言って僕は頭を下げた。

解説

問題提起を入れると、読み手はその問題に興味を持ちます。例文では、人付き合いが得意じゃない主人公が営業の仕事をすることになってしまった、という問題を最初に紹介しています。最初に問題提起を入れることで、読み手はその問題がどう解決に向かうのかに注目します。

小説『鼻』でも、主人公の禅智内供が「長い鼻を悩みに思っている」ことを最初に記しており、主人公がどんなことに悩みを持っているか、その悩みに対してどんなことをするのかと読み手の興味を引きつけています。

これは書く側にとっても便利な方法です。冒頭で問題提起すれば、あとはその問題について順に書いていけばいいので、構成がしやすくなります。

まとめ

①…問題提起は早い段階で提示する。
②…問題提起があると、読み手は問題に引きつけられる。
③…冒頭に問題を提起することで、あとに続く文章の構成がしやすくなる。

芥川龍之介トリビア㉑

芥川の妻が認める芥川のそっくりさんがいた！

芥川龍之介に師事していた佐佐木茂索《もさく》、小島政二郎、南部修太郎、瀧井孝作は「龍門の四天王」と呼ばれていました。なかでも、佐佐木茂索という人物は芥川に姿かたちまで似ていたそうです。

芥川の妻・文も、

「佐佐木さんは主人に性格や顔つきが似ておられ、主人が亡くなりました時、私の母は佐佐木さんの前に手をついて、後のことをよろしくお願いします、と思わず言わずにいられなかったくらい、亡き人に似ていて、頼りになる気がしたのだそうです」

と話しており、かなり似ていたことがうかがえます。

芥川の死後、佐佐木は芥川の全集を出すように計らったり、長男の比呂志が慶応大学に通っていたとき、出版社のアルバイトを紹介するなど、芥川家のために気を配っていたそうです。

【参考文献】前出『追想　芥川龍之介』

46 問題の理由を入れる

学ぶ表現パターン　鼻を持てあました理由は二つある。

ポイント

今回は「理由は二つある」という言い方をマネてみてください。たとえばグルメレポートを書くときに、「この店を選んだ理由は二つある」とか、「とんこつスープには細麺がいい理由は二つある」とか、「僕がいつもカウンターに座る理由は二つある」とか、何でもいいから理由を入れる癖をつけておいてください。

理由があるだけで、論理的に見えるから不思議です。非論理的な文章は説得力がありませんから、とにかく理由を入れることです。

しかも、理由を入れる癖がつくと、あなた自身が論理的な思考をするようになります。街を歩いていても「なぜだろう」と考えるようになるのです。疑問に思い、それを調べ、知識が増える、そして文章が上達する、この好循環をあなたの人生にもとり入れてください。

文章例

僕は四十六歳独身だった。これまで両手では数え切れないほどの女性とお付き合いをしてきたが、いまだ結婚という話には至ったことがない。

僕が結婚できない**理由は二つある**と考えている。

一つ目は若い子が好きだということ。

二つ目は極度の潔癖症だからだ。女性の家に遊びに行くと、シャンプーボトルの底のぬめりやテレビの後ろのホコリなど、くまなくチェックしてしまう。リモコンだって角度が少しでも曲がっていると、直さずにはいられなくなってしまうのだ。

今まで付き合ってきた女性は僕に合わせる努力をしてくれた。でもあまりの極端さに愛想を尽かされ、どの女性も離れていってしまった。

この世に僕と結婚してくれる女性なんていないのかもしれない。だからもう一生結婚できなくても仕方ない。僕は半《なか》ば諦め気味だった。

そんなときだった。一人の女性が僕の目の前に突然現れた。顔はとても若々しくてきれいだが、肩がアメフト選手のようにがっちりとしている、現役の女子レスラーだった。年齢は三十五歳だという。さらに彼女はズボラで掃除が苦手な女性だった。しかし私は不思議と彼女の魅力にどんどんとはまっていった。

そして付き合いはじめて二年後のこと。僕は彼女にプロポーズをした。その頃には、長年こだわっていた二項目なんてどうでもよくなっていた。

考えてみれば、それまでの女性は頑張って僕に合わせようとしてくれた。しかし、彼女はその真逆。僕のこだわりをズバッと切り捨てて、初めて僕の心のなかに無理やり入り込んできてくれた。初めて僕の心の壁を破ってくれた人だ。

そんな彼女のおかげで僕は今幸せでいっぱいだ。彼女のお腹《なか》には新しい命を授かっている。僕は彼女のお腹をゆっくりとさすりながら、「最高の気分だ。本当にありがとう。ありがとう」。そう思わずにはいられなかった。

解説

この文章例では「四十六歳になっても結婚できない」と最初に問題を提示し、その後、「僕が結婚できない理由は二つある」と、その理由を明確にしています。こうすることで論理的に話を進めることができます。

論理的な文章は読み手にとって非常に理解しやすい構成ですから、文章の主旨が伝わりやすいのです。

まとめ

①…問題のあとに、その理由を書くことで論理的に話を進めることができる。
②…論理的な文章は読み手にとって理解しやすい構成である。
③…「理由は二つある」という言い回しをマネてみる。

47 解決方法を入れる

学ぶ表現パターン　鼻を実際以上に短く見せる方法である。

「方法」という言葉には魔力があります。「○○する方法」「○○が解決する方法」「○○になれる方法」など、「方法」と書いてあったら、つい読みたくなるものです。

ポイント

「方法」という言葉は、読者の好奇心をくすぐるのです。

文章例

僕は悩んでいた。営業の仕事がなかなかうまくいかない。僕は人見知りで、話がうまいわけでもないから、お客さんと話が続かないのだ。
そんなことを先輩に話すと、先輩はとっておきの**方法**を教えてくれた。
「別に自分で話をしなくてもいいんだよ。まずお客さんの話を聞く、それが営業の仕事」

次にお客さんのところへ行ったとき、先輩の言葉を思い出して、じっくりとお客さんの話を聞いてみた。すると、

「そういえば、困ってることがあるんだよ。なんかいい方法はないかな？」

すぐには答えられないことだったので、会社に帰って調べてから電話で回答した。

「ありがとう。また困ったら聞くよ」

その言葉を聞いて、僕はなんだかとてもうれしくなった。

「ありがとうございます！　またよろしくお願いします」

解説

例文では、お客様と話を続ける方法について書いてあります。「方法」という言葉があると、読者は続きを読みたくなるはずです。

解決策は、「相手の話をよく聞くこと」でした。「なあんだ、そんな方法なんて、誰でも知っているよ」と思うかもしれません。でも、それでいいのです。最後まで読者を引きつけた作者の勝ちです。

もしも、解決策が先に書いてあったらどうでしょう。「営業の仕事はお客さんの話を聞くことです」とあると、もうその先を読む気がしませんよね。

まとめ

①…人は「方法」という言葉に反応する。
②…「方法」は徐々に明らかにする。
③…解決方法を提示したあとは、行動、結果、という構成で書いてみる。

48 予告を入れる

学ぶ表現パターン　意外な事実を発見した。

ポイント

ここでいう「予告」とは、これから書く文章の内容を予告するという意味です。小説『鼻』では、「意外な事実を発見した」と予告しておいてから、その事実がどのようなものかを明かしていきます。

このテクニックはおしゃべりにも使えますので、練習のつもりで友人との会話に使ってみてください。私はとくに娘との会話で使います。たとえば、こんな感じ。

「この前ね。もの凄《すご》い人に出会っちゃったよ」

と私が予告すると、

「え？　どんな人？　誰？」

と娘は食いついてくれます。

もしも最初から、「この前ね。渋谷で蛭子《えびす》さんを見かけたよ」と言ってしまうと、娘は「ふう〜ん」と気のない返事をして、すぐにスマホに視線を落とすでしょう。

予告を入れるテクニックは、そのように使えるのです。

文章例

僕は奇跡のような再会を果たした。ときめきは心臓を破裂させるかと思うように激しく、衝撃は重く厚い雨雲を一瞬で吹き飛ばすほどに突然だった。

僕は朝から営業のため、都内の中堅企業数社を回っていた。いつもと同じように電車に乗って、先方の担当者にいつもと同じ話をして帰る。代わり映えのない日々と、何の刺激もなく過ぎていくこの人生に僕は飽き飽きしていた。一生こんな生活が続くのだろうか？

僕は常にそんな自問自答を繰り返していた。

太陽が傾き、空が橙色《だいだいいろ》に染まりはじめてきた頃だ。僕は今日回る最後の一社の受付にいた。社員数百人規模の会社だ。ここが終われば直帰できる。僕はさっさとこの会社の営業を終わらせてしまいたいと思っていた。しかし、ここで僕はそんなすさんだ心持ちすべてを吹き飛ばしてくれるほどの人と再会することになる。

ミーティングルームに入ると、そこにはすでに一人、髪を後ろで結《ゆ》わいた女性社員が座っていた。僕が入ると彼女はスッと立ち上がり笑顔で会釈《えしゃく》をした。そのときだった。

「あっ……」

僕と彼女は同時に目を丸くした。

「あれ？　ひょっとして優斗くん？　優斗くんじゃない？」

「そういう君は彩加ちゃんじゃないか？　久しぶりだね」

彼女は中学の同級生で隣のクラスだった結城彩加ちゃん。なんと僕の初恋の相手だった。片思いだったけれど……。まさか先方の担当者が自分の初恋の相手だなんて、こんな偶然があるだろうか？　さっきとは打って変わり、僕の心は一気に躍った。

結局昔話に花が咲き、三十分で終わるはずの打ち合わせが二時間にもなってしまった。

「せっかくだし、このあとあいてる？　ご飯でも行かない？」

僕の気持ちが伝わったのか、彼女からのお誘いだった。

最高だ。こんなドラマみたいな再会って本当にあるんだなぁ。なんだか人生が楽しい方向に向かい出したような、そんな気持ちだった。僕はこの偶然の出会いに深く感謝した。

ありがとう。

解説

この文章例では最初の一文で「僕は奇跡のような再会を果たした」と、そのあとに起こる出来事を予告する一文を入れています。さらに、途中でも「ここで僕はそんなすさんだ心持ちすべてを吹き飛ばしてくれるほどの人と再会することになる」とダメ押しの予告をしています。

もちろん、これは予告ですから、この先出会う人の名前や具体的な情報を入れていません。重要情報を隠すことで、読み手は「どんな人と再会するんだろう？」と気になり、最後まで文章を読み進めてしまうのです。

予告文を書くときは、予告した出来事を順に書いていくシンプルな文章構成になるので、書きやすく、なおかつ読み手にも話の展開が理解しやすい文章となります。

まとめ

①…予告を入れることで、文章を最後まで読ませることができる。
②…予告には具体的な情報を書かない。
③…シンプルな文章構成なので書きやすく、読み手にも話の展開が理解しやすい。

芥川龍之介トリビア㉒

親バカな芥川

芥川の二男・多加志《たかし》が学校へあがる前の話です。

多加志は、学校へ行く長男・比呂志のマネをして家のなかで学校ごっこをして一人で遊んでいました。当時は学校の本などを風呂敷に包んでいたので、多加志は絵を描いたり、いたずら書きするノートと鉛筆を風呂敷に包むのです。

普通、風呂敷は、表を外にして物を包むのですが、多加志は表を内側に、裏を外側にして包んでいたので、芥川は、「それは違うよ、裏が表に出ているね」と注意しました。

すると多加志は、「お父さん違うよ、表を中にして包むと、ほどいて中を開けた時に、きれいだろ」と言いました。

芥川はその機転の利いた言葉に感心したのか、妻の文に「この子は、我々夫婦には育てきれないかもしれないよ」と言ったそうです。親バカぶりがうかがえるひとコマですよね。

【参考文献】前出『追想　芥川龍之介』

49 疑問を入れる

学ぶ表現パターン

まだ何かあるらしい。

「何かあるらしい」と作者が疑問に思う言葉を入れると、読者も一緒になって考えてくれます。読者の思考を刺激すると、それだけあなたの文章に没頭《ぼっとう》してくれるのです。

ポイント

日記に「何かあるらしい」という言葉をそのまま使ってみてください。

日常生活のなかで「あれ？　何か変だぞ」と思うことがあるはずです。そのことを忘れずにメモしておき、あとでじっくりと文章にしてみましょう。

私は毎日のように「あれ？」と思うことがあります。

今日も、娘とコーヒーショップに行きました。すると、斜め前に座った男性が少し変な様子なのです。紺色の地味なスーツを着た二十代後半の男性が、背筋をぴんと伸ばして、口元でブツブツ言っているのです。向かいの椅子には誰も座っていません。彼は一人でそこに座り、思いつめたような表情で頭を下げ、汗を拭《ふ》いているのです。

その表情に「何かあるらしい」と感じましたね。おそらく、仕事でとんでもないミスをしてしまい、これからお得意様のところに謝りに行くのでしょう。それで、アポイントの時間よりも早めに来て、コーヒーショップで予行練習をしているのに違いありません。

そんなふうに、「あれ？」と思うことを見逃さず、日記に書いてみてください。

文章例

僕の先輩は、営業マンっぽくない。見た目も大人しいし、中身だってそうだ。人見知りするし、押しも強くないし、口下手だ。なのに社交的な人たちより、先輩の営業成績はとてもいい。いったいどうしてなのだろう。**そこには何かあるらしい。**

そういえば、僕が入ってきたばかりのとき、彼はこう言った。

「人見知りだとか、話をするのが苦手だとか、そういう人のほうがお客さんに信頼される」

あるとき、なぜそんなことを言ったのか聞いてみた。

「それはね、ガツガツしてる人よりも、ちゃんとお客さんの話を聞くからだよ」

確かにそうかもしれない。先輩は自分から話をするほうではないけれど、しっかりとお客さんの話を聞く。だからお客さんも先輩を信頼して、いろいろなことを話し、相談してくれる。

僕も内向きな性格だ。ずっと営業には向いてないと思っていた。けれど、先輩の言ったように考えれば、僕は営業向きなのかもしれない。
身近なところに最高のお手本がいることに、僕はとても感謝している。

解説

疑問があると、人は答えを探したくなります。冒頭に疑問を入れると、読み手は答えを探そうと、文を読み進めてくれます。もちろん、そのあとに続く文がまったく関係ない内容であれば意味がありませんので、疑問のあとには、その答えや、答えにたどり着くまでのヒント、理由を入れるのです。疑問に対する答えや、なぜそうなるのかという理由を入れれば、読み手の興味を持続させるだけでなく、文章に説得力が出ます。

まとめ

①…疑問があると、読み手は答えを探したくなる。
②…疑問のあとには、理由や答えを入れる。
③…疑問とそれに対する答え、理由があると説得力が出る。

50 格言を入れる

学ぶ表現パターン　人間の心には互いに矛盾した二つの感情がある。

ポイント

小説『鼻』には「人間の心には互いに矛盾した二つの感情がある」と格言っぽい言葉があります。そのあと、他人の不幸に同情する感情と、不幸に陥れてみたい感情のことを書いていくのです。

つまり、格言っぽいことを先に書いて、詳細はあとに書くというテクニックです。

先日、娘がいきなりこんなことを言いました。

「燕雀《えんじゃく》いずくんぞ、鴻鵠《こうこく》の志を知らんや！」

気合いを入れて大きな声で言うのです。びっくりしました。

娘は何かのお芝居のセリフで見つけたらしく、気に入って役者の口マネをしたみたいなのです。この言葉は、ツバメやスズメのような小さな鳥に、どうしてオオトリやクグイのような大きな鳥の志がわかるだろうか、という意味で、『史記』に出てくる言葉です。

とにかく、このように、いきなり名言やことわざなどが出てくると、「ドキッ」とします。そして、その意味を知りたいと思うはずです。それが読者の好奇心を刺激するのです。

文章例

終わりよければすべてよし。それを地で行くような出来事だった。

今日、僕は友だちの結婚式で長渕剛の「乾杯」を弾き語った。

総勢百人ほどの前で、大学時代の友人である僕が一人で弾き語るのだ。出番がくるまでの間、僕は気が気でなかった。目の前に置かれた豪華な料理やお酒はまったくのどを通らないほどだった。

緊張のせいか、僕は曲の前奏からコードを間違えてしまったり、歌詞を間違えてしまったりと、あからさまなミスを連発してしまった。一生懸命練習したのに……。

最後のサビを歌いながら僕の目からは悔し涙があふれてきた。

「あ、ありがとうございました。素敵な演奏でしたね」

司会の人がすかさずフォローする。が、僕は「やってしまった」とか「どうしよう」とかを、心のなかで何度もつぶやきながら、その場を逃げるように後にした。もう嫌だ。今すぐどこか遠くに逃げてしまいたい。そんな気持ちでいっぱいだった。

帰り際、中ホールの出口の前で新郎新婦が並んで、参列した人を見送っていた。

「剛、ごめんな。せっかくの式なのに、あんな情けない演奏してしまって……」

僕は精いっぱい気持ちを込めて二人に謝った。

「お前何言ってんだよ。凄いよかったよ！　俺、感動しちゃって途中で泣いちゃったよ」

「え？」

僕は目を丸くして、二人を見た。

「ほんと、剛ったらあなたの演奏を聞いてボロボロ泣いてたのよ」

「俺、あんなに情けない演奏しちゃったのに……」

僕の目からはまた涙がこぼれてきた。

「何言ってんだよ。本当によかったって。めっちゃ緊張しただろうに、余興《よきょう》引き受けてくれて、最高の演奏をありがとうな。うれしかったよ」

剛はさわやかな笑顔で僕にそう言った。

「そっか。ありがとう。本当にありがとう」

僕は剛の手を握った。

「何泣いてんだよ、ほら後ろがつっかえてるぞ、ありがとうな」

終わりよければすべてよし。僕は剛と堅く握手をしてその場を後にした。

解説

この文章例では、最初と最後に「終わりよければすべてよし」というウィリアム・シェイクスピアの作品名としても有名な格言を入れてあります。「終わりよければすべてよし」という格言は言葉通りの意味ですので、説明は書いていません。

こうした格言を書き加えることで、文章全体がより知的で説得力のあるように感じられます。

まとめ

①…ことわざや格言は、深い意味を短い一言で表した、奇跡の文章表現である。

②…格言を入れることで、知的で説得力のある文章になる。

③…ことわざや格言が引用されると、読者にインパクトを与えることができる。

芥川龍之介トリビア㉓

芥川は自分のお墓にまでこだわりを持っていた！

ある日のこと。芥川は突然、妻の文にお墓のことを話し出したそうです。

「従来の墓石は、細長くて不安定で、台風でも来ると倒れそうなものが多いから、自分のはもっと低くして、どっしりしたもので、風などに吹き飛ばされないようにしたい」

と言い、巻紙にその大きさを書きました。

その大きさは、ちょうど芥川が愛用していた座布団の寸法だったといいます。それは普通より大きい形の座布団でしたが、それと同じサイズにしようというのです。

文は冗談だと思って気にしませんでしたが、芥川の死後その巻紙が箪笥《たんす》のなかから出てきたので、お墓はそれを参考にしてこしらえたそうです。

お墓にまでこだわりを持っていたのですね。芥川らしいです。

【参考文献】前出『追想　芥川龍之介』

51 つぶやきの入れ方を工夫する

学ぶ表現パターン ——無理に短うしたで、病が起ったのかも知れぬ。

ポイント

本書では、日記に「心のつぶやき」を書くように言いました。「心のつぶやき」として、感じたことや思ったこと、思索したことなどを書いていきます。説明調で書くこともありますし、「○○と思った」というように「思う」という言葉を使うこともあります。ときには、セリフのような言い回しになることもあります。

そこでひと工夫してみましょう。

小説『鼻』では、セリフのような「心のつぶやき」には「——（ダッシュ）」がついています。ダッシュによって、セリフと「心のつぶやき」との違いを明確にしているのです。

この書き方をマネて日記を書いてみましょう。

文章例

午前四時半、僕はいつものように家を出た。会社に出社するためだ。通勤ラッシュを避けてゆっくりと座りながら行くには、この時間に出るのが一番いい。

まだ薄暗い住宅街。僕はジャケットのポケットに手を突っ込みながら歩いていた。すると道の反対側からシャカシャカと自転車をこぐ音が聞こえてきた。

——あぁ、いつもの新聞配達の兄ちゃんか。

この時間に家を出ると、いつも同じ兄ちゃんが新聞配達をしているのを見かける。顔は薄暗くてよくわからないが、きっとそうだろう。僕はとくに気にも留めず歩みを進める。自転車と僕の距離はどんどんと詰まっていく。すれ違い際にうっすらとその顔が見えた。

——あれ、いつもの兄ちゃんと違うぞ。っていうか、違うどころか、あ、あれは、タイガーマスクじゃないか？

僕は慌てて振り向いて、後ろ姿を目で追った。うっすらと頭の上にとんがった耳が二つ見える。絶対マスクだ。やっぱりタイガーマスクだったんだ。

——話題作りのためにタイガーマスクの姿で新聞配達をしているのかなぁ。それともただ目立ちたいだけなのかなぁ。

考えれば考えるほど、気になって仕方なくなった。僕はＵターンして、タイガーマスクを追いかけた。そして新聞をポストに投函していたタイガーマスクの肩を叩《たた》いた。

「なぜタイガーマスクの姿で新聞配達をしているのですか？」

「タイガーマスクはみんなのために頑張るんだよ。では、ごきげんよう」

ハッハッハと、タイガーマスクは高らかに笑いながら、颯爽《さっそう》と去っていった。何だかまったく意味がわからなかった。しかし、その場に残された僕は、呆然《ぼうぜん》と立ち尽くしながら、なんだか朝からいいものを見たような幸せな気持ちになった。

——なんだかよくわからないけど、頑張ってほしいものだなぁ。幸せな気持ちにさせてくれてありがとう。

僕は自転車で去りゆくタイガーマスクの背中に軽く頭を下げ、また会社に向かった。

解説

ここでは「心のつぶやき」の前に「——」を入れて、わかりやすくしています。つぶやきをカギかっこに入れて書くと、どうしても口から出た言葉のような印象を与えます。また、何も目印がなければ、どれが「心のつぶやき」なのかがわかりにくくなってしまいます。

文章例のように「心のつぶやき」の入れ方を少し工夫することで、どこに「心のつぶやき」が入っているのかがわかりやすくなるのです。

「心のつぶやき」は会話と同様に、話を進めていく上で重要な部分ですから、こうして少しでも読み手にとってわかりやすく工夫することが大切です。

まとめ

①…「心のつぶやき」は話を進めていく上で重要な部分である。
②…「心のつぶやき」の場所をわかりやすくするために、――などの目印を入れてみるといい。
③…オリジナルの目印でもＯＫ。

52 「このとき」を入れる

学ぶ表現パターン　帰って来たのはこの時である。

「○○したのはこのときである」という言い回しを日記に使ってみましょう。この言い方って、ちょっとカッコよくないですか？

ポイント

小説『鼻』では、こうあります。「**ほとんど、忘れようとしていたある感覚が、再び内供に帰って来たのはこの時である**」。なにかゾクッとするような言い方ですよね。

何かが変わったときとか、何かの出来事が起こったときなどに使うといいでしょう。

「私の人生が大きく動きはじめたのはこのときである」

「彼女の心に大きなトラウマを残したのはこのときである」

「のちの歴史に刻まれた大事件が起こるきっかけとなったのは、このときである」など。

一日の出来事を思い出し、「〇〇したのはこのときである」という言い回しが使えないか考えてみましょう。食べられなかったピーマンが食べられるようになったとか、ダイエットを決意したとか、盆栽の梅に花が咲いたとか、ちょっとした出来事で構わないので、この言い回しで書く練習をしてみてください。

文章例

「きみのおかげで助かった、ありがとう。これからもよろしく頼むよ」

僕が出した提案がお客さんに採用されて、新しい商談が決まった。

「やったね、凄いじゃないか」

先輩も喜んでくれた。

もともと苦手だった営業職だけど、営業の仕事をしていてよかった、そう思ったのは**このときだ。**

新しい仕事が決まったからではない。お客さんの役に立つことができたからだ。

僕の提案を受け入れてくれたお客さんに、それから営業の仕事を僕に教えてくれた先輩たちに、感謝してもしきれない。

「ありがとうございます。こちらこそ、よろしくお願いします」

これからも、頑張っていこう！

解説

「このとき」というのは何かが動いたときです。感情が大きく動いたとき、事件が起きたとき、状況が変わったときなど、いわば、流れが変わる瞬間です。

例文では、これまで営業に関してネガティブな感情を持っていた書き手が、「このとき」からポジティブな感情を持つようになります。「このとき」に何が起こったのか、どういう変化があったのか。「このとき」という言葉を使うことで、文章に緊張感を出したり、読み手に注目させることができます。

まとめ

①…「このとき」は流れが変わる瞬間。

②…「このとき」に何があったのか、どんな変化があったのかを書く。

③…「このとき」という言葉を使うことで、カッコいい文章になる。

53 願望は達成したがダメだった構成

ポイント

小説『鼻』は、次のような構成でできています。

①願望を持つ／大きな鼻を小さくしたい。

②願望を達成する／鼻を茹でたら小さくなった。

③ダメだった／よけい笑われているような気がして熱を出す。

④元に戻る／元の長い鼻に戻る。

この構成をマネして日記を書いてみましょう。

願望を達成してうまくいく話よりも、失敗するエピソードのほうが読者の共感を得ることができます。失敗から何かを学ぶことができるのも、失敗のよさです。

芥川は、主人公の鼻を元に戻しています。そのことで、どこか晴れ晴れしい気持ちにさえさせているのです。

文章例

僕が描いた絵が、県の絵画コンクールで金賞になったという連絡を受けた。このコンクールで金賞をとることは僕の目標でもあった。最初はとてもうれしく、飛び上がって喜んだ。

しかし、日に日に僕は申し訳ない気持ちでいっぱいになった。なぜなら、このコンクールに出した絵は期日までに納得できる仕上がりにならず、「出さないよりは出したほうがいいだろう」と、無理やり仕上げた絵だったからだ。悪く言えば、やっつけ仕事というやつだ。

こんないい加減に描き上げた絵が高く評価されていいのだろうか？　いや、いい訳がない。このコンクールのために日々腕を磨いてきた人も大勢いるだろう。その人たちに申し訳が立たない。また、自分でも納得いっていないこんな絵で表彰されたとしても、僕自身喜んでいいのかがまったくわからない。

受賞の喜びは、日が経《た》つにつれて不安に変わっていった。それはあんなに好きだった絵が嫌いになってしまうほど大きなものだった。

受賞の報告から二週間後のことである。一本の電話がかかってきた。

「私、絵画コンクール選考委員長の橋爪と申します。本当に申し訳ありません。こちらの取り違えで、違う方に受賞連絡をしてしまいました。本当に申し訳ありません」

僕の受賞はどうやら誤りだったらしい。何と幸運なことだろうか。

「いえ、こちらこそありがとうございます」

僕はホッとしすぎたせいか、電話の選考委員長に対して思わずお礼を言ってしまった。相手は怒鳴られると思っていたのだろう。

「えっ？　あっ……」と驚いて言葉も出ない様子であった。

僕の目標であった県のコンクールの受賞こそ逃してしまったものの、僕はそれで良かったと思った。そしてもう二度とこんな思いをしないように、一枚一枚の絵をしっかりと自分の納得のいくまで描ききろう、と堅く決心したのだった。

残念な結果だったが、自分自身の心の帯を締め直すことができたこの経験に、僕は深く感謝をした。

解説

例文では、願望が達成したところから書きました。

絵画コンクールで金賞をとるという主人公の願望が一度は達成されます。しかし二週間後に、コンクール金賞が誤報だったという連絡を受け、願望がダメになってしまうのです。しかし主人公は、やっつけ仕事で描いた絵が金賞をとってしまったという罪悪感にさいなまれていたので、悲しむどころか逆に晴れ晴れとした気持ちになっています。そして主人公はこの経験から、「これからはどんな絵も自分の納得のいくまで描ききろう」と学ぶのです。

成功よりも失敗のほうが多くのことを学べます。文章例のように願望が一度達成して、ダメになる。その経験から主人公が学ぶという構成で書くと、メッセージ性の強い文章にすることができます。

まとめ

①…「願望を持つ」→「願望が達成する」→「失敗する」→「失敗から得た学びや感想」、この構成で書く。

②…成功よりも、失敗を書くほうが読み手の共感を得やすい。

③…最後に失敗から何を学んだのかを書くと、メッセージ性の強い文章になる。

あとがき

「一日一回愛と感謝を発信する会」の会員になりませんか？

「一日一回愛と感謝を発信する会」というのは、私が一人で勝手に言っているだけの会です。事務局もなければ規約もありません。組織もありませんし、集会もない、リーダーもいない、不思議な会です。

入会するのは簡単です。あなたが入ったと思えば入会成立。入会金も年会費もタダです。

「愛と感謝を発信する会」の活動は次の三つ。

(1)愛のメッセージを発信すること
(2)感謝のメッセージを発信すること
(3)大切な人を誘うこと

発信する媒体は何でも構いません。手紙やハガキ、ブログでもいいし、フェイスブックでもいいし、もちろん日記に書くだけでも構いません。ちょっとしたメモ用紙に書いて家族に渡してもいいでしょう。

愛と感謝の表現は自分で工夫してください。家族に「愛してます」とか「感謝してます」とストレートに書いた手紙やメモを渡すのは恥ずかしいでしょうから、「お前の成長を祈っているよ」とか「いつもありがとうね」といった言葉を使うといいかもしれません。

人物に対する愛と感謝だけでなく、地球や自然への気持ちを言葉にするのもいいでしょう。私は幼少期に育った広島を愛しています。広島のことを思うと胸が熱くなりますし、福山の鞆《とも》ノ《の》浦《うら》の海をこよなく愛しています。瀬戸内海で泳いだこと、中国山脈の山々を探検したこと、自然に感謝していること、そんな思いを時々、メールマガジンやフェイスブックなどに書いているのです。

「愛と感謝」の心から発した言葉なら何でもOK。その言葉を世に発信してください。楽しい活動でしょ。人生が楽しいものに変わっていきますよ。

テレビニュースや新聞のなかには、不信や憎悪、人殺しや紛争など、ネガティブな情報ばかり。愛と感謝を感じさせる内容は、ごくたまにしか見かけません。

そこで、私たちは愛と感謝を発信するのです。愛と感謝を感じさせる言葉が世界中にあふれたら、凄《すご》いと思いませんか？

たとえば、二〇〇一年の9・11同時多発テロのあと、世界中に憎しみと復讐心《ふくしゅうしん》が広がっていきました。アメリカ軍は本格的にテロ組織壊滅《かいめつ》に乗り出し、多くの犠牲者を出したことは、いまだに記憶に残っています。

一方で、二〇一一年三月十一日に東日本で起こった大震災の際は、世界中に愛と励ましの言葉が駆け巡りました。世界中から支援の手が差し伸べられ、あたたかい声が寄せられたのです。あのときマスコミで紹介された愛と感謝の言葉に多くの人が涙しました。

言葉には大きな力があるのです。

愛と感謝の言葉をぜひとも発信していきましょう。

本書を執筆するにあたり、多くの方に協力していただきました。例文作成で協力してくれた文章スクールの仲間たち、庄子健一さん、相川賢太郎さん、それから資料集めに奔走《ほんそう》してくれた浅加レイコさん、そして第三文明社書籍編集部のみなさん、この場を借りて、厚く御礼申し上げます。ホントにありがとうございました。

高橋フミアキ

【著者プロフィル】

高橋フミアキ

1960年生まれ。広島県出身。大手広告代理店に10年間勤務したのち、フリーとなりビジネス雑誌やグルメ雑誌などに携わる。2007年に文章スクールを立ち上げ、文章の基礎から小説の書き方まで幅広く指導。すでに十数人のビジネス書作家をデビューさせている。受講生らとは、一生の友だちとしてお付き合いしており、自宅に招いて鍋パーティーや旅行、個人的な相談など、家族のように接している。また企業の社員研修としてレポートやメール、論文の書き方を講義。フリーライターの育成にも尽力している。メールマガジン『ポンポコ先生のライタースクール』も好評配信中。
http://www.takahashifumiaki.biz/

【著書】

『さすが！と思わせる　できる人の話し方』（コスモ21）がApp Storeで2週間連続1位となる。『一瞬で心をつかむ「できる人」の文章術』『頭がいい人の1日10分文章術』『夏目漱石をまねる美しい日本語書き写し文章術』（コスモ21）、『うまいと言われる文章の書き方』（日本実業出版）、『大富豪のおじいさんの教え』（ナナブックス）、『一瞬で心をつかむ77の文章テクニック』（高橋書店）、『10人の友だちができる本』（第三文明社）ほか多数。

芥川龍《あくたがわりゅう》之《の》介《すけ》に学《まな》ぶ　文章《ぶんしょう》の基本《きほん》

2015年 9月30日　初版第1刷発行

著　者　高橋《たかはし》フミアキ
発行者　大島光明
発行所　株式会社　第三文明社
東京都新宿区新宿1-23-5　〒160-0022
03-5269-7154（編集代表）
03-5269-7145（営業代表）
振替口座　00150-3-117823
http://www.daisanbunmei.co.jp

印刷・製本　藤原印刷株式会社

ISBN978-4-476-03349-6